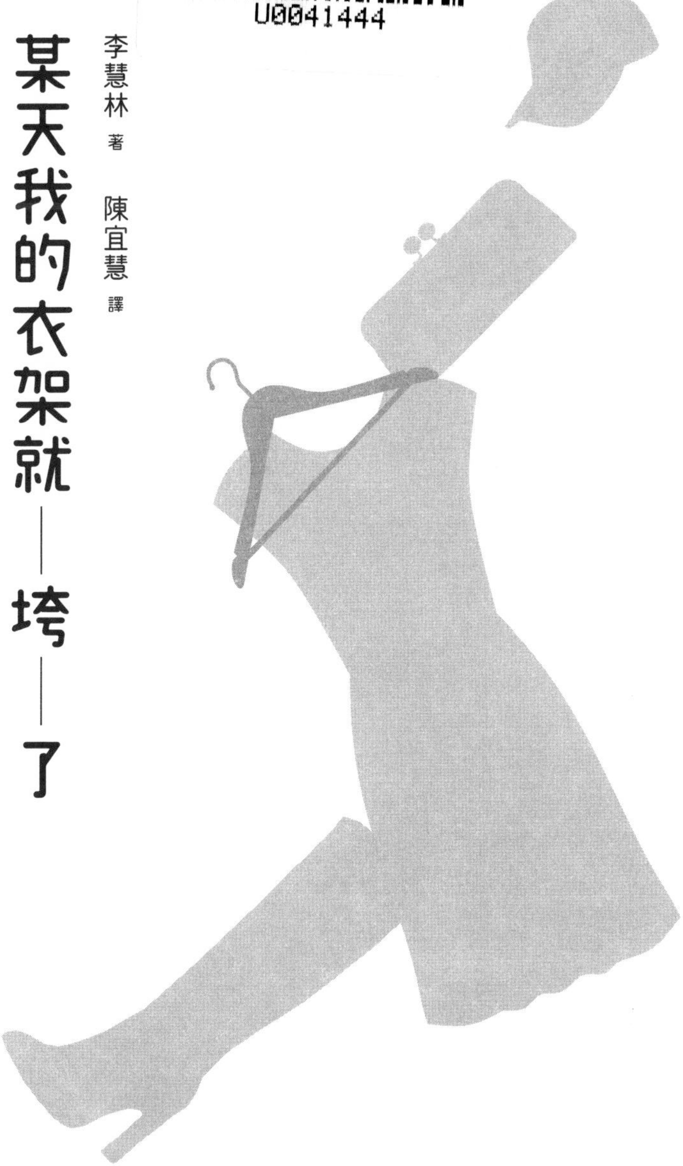

某天我的衣架就——垮——了

李慧林 著
陳宜慧 譯

어느 날 멀쩡하던 행거가 무너졌다

各界推薦

極簡生活已是大家耳熟能詳的事，但極簡並沒有框架「只能怎麼做」，重點是讓自己感到幸福，只保留真心喜愛的必需品，而那不見得是生理上的，一個讓心靈感到沉澱的物件也可以是你的生活必需品。與作者一起經歷著不斷地嘗試、探索，每個階段調整出最適切當下狀態比例的生活，也讓我有了更多關於「日子還可以怎麼過」的靈感油然而生。

——**Carol Li**／軟裝師

把東西都清空，住在空無一物的房間裡就是極簡生活嗎？那可不是！

實踐減法生活五年了，我深深體會到極簡的目的是為了專注地做自己想做的事，擁有餘裕感的生活，而擺脫物品、慾望種種的干擾，如同作者說的：「為了填滿而清空。」

本書集結了作者十年的極簡生活經驗，帶你深入了解減法概念如何應用在物品、空間、生活、態度等各個層面，明白極簡生活原來可以如此有趣、有意義。如果生活中時常被物品、慾望、比較、他人目光、壓力所填滿，而喘不過氣，想擺脫這些束縛，也許極簡生活是一劑有效的解方。

——**Kasin**／極簡生活家

實行簡單生活十年，閱讀本書就像看著一路走來的自己，無論放棄多少物品，慾望依然存在，原來沒有最好的生活，只有適合自己的生活。我和作者一樣是個富足的極簡生活者，捨棄不再使用的東西、迎接新物品時仔細思考是需要還是想要、知道留下每一樣物品的原因、用八成精力生活，讓空間與心靈都有餘裕，在快速的世界用自己的節奏慢慢悠悠地活著。

——**安博**／默默看書

年輕時，追求每天穿搭不重複的我，也曾經因為衣服多到把前房東的衣櫥抽屜弄壞，一袋一袋的衣服清出後，原本以為會捨不得它們，或是對生活上會造成不便，沒想到卻是一身的輕盈與舒暢，過了幾天，我試圖回想自己丟了些什麼，想得起來的竟屈指可數。

閱讀此書也有這種暢快感，作者和我開啟新生活的契機十分雷同，雖然後來我並沒有走向極簡，但和作者最大的共同點是「不足也無妨」，這種不因擔心不夠而徒留多餘之物的堅持。

作者藉由清空後的不便與改變取得平衡的簡樸生活，使得她後來擁有精彩的人生閱歷，推薦給面對減少有所壓力卻又想嘗試新生活的你，相信你能藉由此書找到適合自己的方法。

——**吳敏恩**／簡約生活實踐家

從囤積症走到極簡主義的人，多半都會經歷「當頭棒喝」的一瞬間，那一刻就像生命的分水嶺，義無反顧地走向斷捨離之路。

作者更特別的是，她曾經受困於「囤積」，但在丟到只剩家徒四壁之後，「過度極簡」也讓她不快樂，因此摸索出「屬於自己的極簡」，並分享心路歷程。

現在她的生活，是精挑細選過後，從內到外真正的富足，是物資過剩的現代人最嚮往的人生。

——**柚子甜**／心靈作家

目錄

前言——某天，好端端的衣架倒塌了 012

1．清空後才領悟的東西：物品

空蕩蕩的房間裡只剩下空虛 018
雖然不想這樣生活，但是多數人都是這樣活著 024
不知道什麼時候會用到…… 028
是的，我不太方便 032
沒有「珍貴的」東西 035
「富足的」極簡主義 039

盡全力使用，並且愉快地分享 043
一箱蘋果的教訓 047
遇見幸福的極繁主義者 051
因為什麼都沒有，所以做不了任何事的地方 055
一年都不購物 062

2・小房子的簡樸生活：空間

住在條件適中的房子裡 066
不再購買的東西 070
整齊的玄關和數量適中的鞋子 077
浴室裡只要有一塊肥皂就夠了 081
一百三十七公升的冰箱 086

想隨便做家事的季節 090
不是一無所有就不能招待客人 094
用一個包包旅行，用一台計程車搬家 099
將書架清空後卻更想讀書了 103
忠於目的的空間 107
在紐西蘭開露營車旅行學到的東西 110

3．簡單且輕鬆：生活

存摺上開始有錢了 116
浪費和愉快的消費之間 122
節制的優雅 125
不知不覺達成零廢棄 129

你何時才會壞掉？ 133
挑戰沒有空調的生活 138
四季三十件衣服 142
我的人生再也沒有「綁約」 147
在都市自給自足的喜悅和體悟 152
顧名思義就是雜物 157
十年沒見的書架 161

4・簡單優雅：態度

不當蔬食主義者而是蔬食愛好者 166
維持捲髮 172
很貴但很美的家居服 176

不是現在就無法做的事 180
這樣的妝容就好 184
只用八成的精力生活 187
香奈兒包和Repetto鞋 192
偶爾嘗試放下手機的生活 196
與老朋友聚會的空虛 200
不再感到焦慮的老年生活 206
身體記住的例行工作 211
不行就算了！ 215
結語——卡什海灘上的悠閒夏日 219

前言——

某天，好端端的衣架倒場了

以前的我認為所有的東西都是越多越好，還給自己訂下了每天上課都不能穿同樣衣服、戴相同飾品的規定，所以我總是想要新衣服和新飾品。

我喜歡衣服，因為我認為這是向外界傳達自己是哪種人的唯一方式。過去的我每個月只能用有限的零用錢購買衣服，所以總是挑價格低廉的買，也因此夏天的衣服透氣性不好，冬天的衣服不保暖。這些衣服往往只穿一季就鬆掉或起毛球，很難繼續再穿。

我當時住的小套房不知不覺堆滿了衣服，剛開始買的一層衣架已經沒有掛衣服的空間，所以我買了兩層衣架。後來連雙層衣架也掛滿了衣服，於是我撿了扔在路邊的五層抽屜櫃和架子回來使用。不久後，連櫃子也裝滿了衣服和隨身物品，但是奇怪的是我卻經常覺得沒有衣服穿。幾乎每天早上我都不知道該穿什麼，常常在衣櫃前猶豫半天。

我的收藏癖不止於衣服，還有按顏色收集的高跟鞋和平底鞋，以及每次打折時都會買的開架化妝品，甚至是只要覺得漂亮就無條件放進購物車裡的大創廚房用品和室內裝飾品。其中，我最自豪且喜愛度與衣服不相上下的收藏是書籍。

無聊時就會閱讀的我喜歡逛書店買書，然而因為閱讀量跟不上買書的速度，所以房間堆滿了沒讀完的書。儘管如此，我還是沒能改掉買書的習慣，因為雖然家裡滿是沒看完的書，我在買新書時仍感到開心。

當時的套房裡有很多灰塵，我不管怎麼打掃，桌子和架子仍常常灰濛濛的。某次來我家玩的朋友支氣管不好，所以不停打噴嚏，雖然我很不好意思，但是那時不知道原因。後來才發現原來是因為毫無想法地購買數百件衣服和數十本書，才讓自己被困在充滿灰塵的房間之中。

原本空蕩蕩的小房間不知不覺擺滿了東西，連牆壁都看不太到——這是搬入那間套房不到兩年就發生的事。

某天，原本完好的衣架突然垮了，重壓在衣架上的衣服全部向前傾倒，雖然我急忙抓住衣架柱子，想重新將衣架立起來，但是衣架仍被掛著的衣服重量再次壓垮，汗流浹背努力把衣服收起來並豎起衣架的我最終徒勞無功。

那時，我第一次感受到自己衣服的重量，那是我的身體和衣架都承受不了的重量。被衣服壓扁的我一下子清醒過來了，看著散落在倒塌衣架周圍的衣物，我發現了許多買來後一次都沒穿過的、幾年前還覺得不錯，現在不知為何不再穿的、鈕扣掉落或汗漬無法消除的，甚至還有那天才第一次看到的衣服。

我所擁有的物品體積首次映入眼簾，我坐在房間中央仔細打量著套房，房間裡堆滿了各種物品，似乎不允許任何空白。我發現自己完全不清楚架子後面、抽屜裡，以及各箱子裡裝著什麼東西，突然間感到窒息。

我當時擁有的物品數量已經超越需求，但是我卻不知道該怎麼辦，只知道是時候該改變了。

PART 1

清空後才領悟的東西
物品

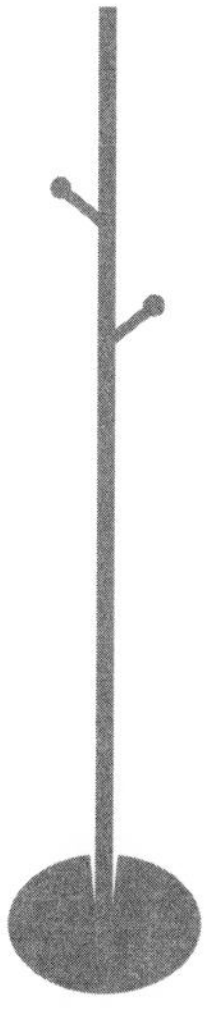

空蕩蕩的房間裡
只剩下空虛

距今十年前，透過某位自稱為「極簡主義者」的部落客，我第一次知道了「極簡生活」這個詞。他說：「所謂極簡生活，就是只靠最低限度的物品生活。」

他居然說「最低限度的物品」！東西不是越多越好嗎？當時的我對這個概念非常陌生。我活到現在，一次也沒想過只靠必需品的生活，那樣生活的人以及那樣的生活是自己從來沒見過的。

我想趁此機會嘗試極簡生活，所以從那天之後我開始扔掉套房裡的東西，並且在看到某張照片後，正式進入了極限的極簡生活。

那張照片就是《我決定簡單的生活》的作者佐佐木典士家的照片。照片中，他家是陽光明媚的白色調小套房，房間裡只有白色的寢具，那是看著就讓我心情舒暢的場景。佐佐木先生說除了寢具之外，他沒有其他任何家具。我想著如果能住在那樣空蕩蕩的房子裡，似乎可以不受物品的束縛，並得到自由。

此後，我不斷扔掉東西，盡可能在空蕩蕩的房子裡生活。我處理掉衣服和不再閱讀的書籍，扔掉了許多根本不知道哪裡來的雜物、生活用品和室內裝飾品。

過去的我想拿出一件衣服，必須先從衣架抽出一排排密密麻麻的衣服，而現在得益於此，我的衣架多了許多空間，家裡的灰塵也明顯變少了。隨著生活空間變舒適，我的心情也變得暢快且輕鬆。我想，這就是我要的答案。

我每天都在煩惱要怎麼做才能把房間變得更空，所以如果有必須買的東西，我就會認為那是個負擔，並且深感壓力。只要能減少物品的數量，我甘願承受生活中的不便——我連每天讀書寫字的桌子也丟掉了，最終打造出一個什麼都沒有的房間。

過去所有牆壁和地面都裝滿家具和物品的房間，如今只剩下一個四層抽屜櫃、小檯燈和全身鏡。早上起床後，我會把被子收起來疊在抽屜櫃上，下班回家後再鋪上被子睡覺。剛開始，空蕩蕩的房間給人一種輕飄飄的感覺。和佐佐木典士一樣住在空蕩蕩房子裡的我，似乎也有了他所感受到的輕鬆感，然而，這只是從實現目標的成就感中瞬間產生的情緒而已。

我擁有的物品數量雖然明顯減少，但是慾望依然存在。我以為只要成為極簡主義者，只靠最低限度的物品生活，就會變自由，但是卻只有物品的數量減少而已，我仍無法感覺到自由。因為清空不是手段，而是我的目的。當時被空蕩蕩的家中景象、簡單且昂貴的物品、白色的室內裝飾慾望所抓住的我無法得到自由。這與套房裡堆滿衣服的時期沒有什麼不同，只是慾望多或少的問題而已。

我清空的房間裡什麼都沒有，什麼都可以做，但是在這個可以做任何事的房間裡，我卻提不起勁做事。丟掉桌子後，因為不方便看書，所以我漸漸不閱讀；因為沒有床，白天我連躺下休息的地方都沒有。原以為每天穿同樣的衣服會很單純方便，但是沒過多久我就厭煩了。生活的一切都變得沒意思。雖然是我的房間，但是卻又覺得不像我的房間。本以為清空房間就能自由地做任何事，但是我只感到空虛。

我是為了擺脫滿足所有慾望的習慣，以及想要擁有很多東西的執著而進行清空，但是卻不知不覺被另一種強迫和自我審查所左右。

無力感就這樣持續了一段時間後，我意識到自己其實一開始就問錯問題了。在打造空蕩蕩的房間之前，我不該問自己「要清空什麼」，而是要問自己「該留下什麼」。未經這樣的思考就清空的房間裡沒有我的生活。我該清理的不只是東西，還有我自己。毫不思考地清空房間，住在如同荒野般一無所有的空間裡，這樣是不可能讓人感到幸福。

因此，我回頭問自己為什麼想減少物品並過著簡單的生活。「因為想幸福地生活」，答案出來了，我才知道接下來該怎麼做。

既然我的生活變成了荒地，現在是該種植幸福花草的時候了。我思考自己想要以及想做什麼，並開始用喜歡的簡單房間和生活來填滿。為了能舒服地長時間坐著看書，我重新買了桌子，還買了幾件漂亮的洋裝，讓自己不再總是穿著同樣幾件衣服。我學了一直很想學的芭蕾，並開設夢想已久的Airbnb民宿，成為房東。我還學了因為怕水而一直逃避的游泳，實現在東南亞度假村的泳池不用游泳圈玩耍的願望。我還完成了寫在遺願清單上的世界旅行。過去因為什麼都不想做，每天充滿空虛的日子已經遠去，現在的我每天都很開心。

我的生活透過減少不必要的東西和多餘的浪費，而擁有了更多時間、精力、空間和金錢，甚至因此開始做以前一直很想做的許多事情。我這才領悟極簡生活為我帶來了什麼。

我之所以堅持周期性地進行清空，是為了盡情喜歡自己喜歡的東西。減少了不必要、不喜歡且浪費的東西，並用我喜歡、想要且需要的東西來填補。如同生活中沒有正確答案，極簡主義也沒有正確答案。對某些人來說，空蕩蕩的房間就是極簡生活的理由，但是對我來說不是，我是為了填滿而清空，這就是我的極簡生活。

雖然不想這樣生活，但是多數人都是這樣活著

五年前，我準備婚後要搬進先生之前獨居的九坪套房。親朋好友紛紛勸阻，他們建議我要有個兩個房間、客廳和廚房的空間，而非套房。

其實，我也不是一開始就決定要搬進套房生活，因為先生的套房合約期限還很長，所以當初是打算舉行婚禮後先一起住在套房，再慢慢找房子。但是在套房住了一段時間後，我們都很滿意這樣的新婚生活，覺得沒有必要花時間和金錢搬到更大的房子。

套房的生活比我想像的還要好。因為空間小，所以包含管理費在內的維護

費用非常少，在盛夏和嚴冬盡情開冷氣、暖氣也不會有負擔。最重要的是我喜歡這個房子本身。牆的一側是落地窗，給人一種開闊的感覺，採光很好，周邊生活機能也不錯。另外由於是和房東一起住，所以我也非常滿意良好的管理。

我和先生用各自的家電和家具取代添購新物品，重複的物品則以二手價售出，只慎重選購了一起生活時的必要之物。得益於此，我們大部分的薪資都進了儲蓄帳戶。

在準備結婚的過程中，我最常聽到的話就是「大家都是這樣那樣做的」、「鑽石要五分以上，新婚房要二十坪以上，還要香奈兒包」，我並不喜歡那樣的生活，但是大家都說這些是一定要的。

我煩惱自己是否該接受那些不認同的價值觀，還好和先生充分溝通後，我們去除了不想要的東西，以想要的東西替代。我們沒買婚戒，而是出錢讓雙方父母進行健康檢查，我們也省略了婚紗照、嫁妝和禮金，並投資在蜜月旅行上。

雖然我們的婚禮和新婚生活不是以別人口中的標準值開始，但是以結婚為契機，開啟了專屬我們的生活，而不是活在他人的價值觀中。下定決心鼓起勇氣擺脫了這些標準，我才終於明白所謂的社會標準都是假象，別人想要的生活並不重要，真正重要的是「我」想要什麼生活。原本我以為脫離大家的生活會落伍，沒想到人生反而變得更加豐富多彩。我們沒有必要追趕不認同的標準，或進行無謂的競爭，而是讓上天賜予我們、如同禮物般的生活更加舒適自在。

婚後六個月，我不斷想著要到世界各地流浪，希望在流浪了很久再回國重新開始也不算太晚、並且體力也充足的年紀進行一次漫長的旅行。

與先生長時間溝通，我們很慎重地思考這是否是我們真正想要的。在決定進行世界旅行的一年又四個月後，我們終於離開了韓國。先生為此不得不辭去第一份工作，原本為了買房而存下的錢則成為旅遊資金。在結束一年的旅行回到韓國兩年後的今天，我認為就像當初選擇沒有婚戒的小婚禮一樣，勇敢地去環遊世界是我們人生中非常好的決定。

最近，我們又有了新的夢想，那就是在能按照自身步調生活的鄉村開間小民宿。為了實現成為民宿老闆的夢想，我們找了工作，重新努力在韓國賺錢。

結婚後要趕快存錢，貸款買房子，買了房之後要快點生小孩，只生一個孩子會很孤單，所以要在適當的時機生第二胎，為了孩子的學習要努力賺更多錢並準備養老……就這樣，很多人一輩子被不停歇的課題和作業不斷追趕，但是我和先生決定專注傾聽自己的聲音，並活出自己想要的樣子。別人是那樣地生活，並不表示我們也得順著潮流。

不知道什麼時候會用到……

在套房裡度過的兩年新婚生活，是我們夫妻成為極簡主義者的關鍵時期。現在回想起來，應該是要想辦法在小空間裡過好生活，才趨使我們變成這樣。

先生雖然不太買東西，但是只要物品進了家裡，他就不會想扔掉。開始新婚生活前，我將自己的東西搬進裝滿先生物品的套房，本該是溫馨家園的空間瞬間成了倉庫。

一個人在套房生活不成問題，但是兩個人一起時，空間就不太夠。然而，既然我們已經決定要住套房，就需要解決對策，所以便依據房間的大小減少物品，就像我大學時期曾把滿滿一屋子的東西全部清空，並藉此尋找光明一樣。當時我的直覺是，現在是需要再次大規模減少物品的時候，因此毫不猶豫地展開行動，但是先生卻對丟掉還能正常使用的物品非常反感。

「這些東西也許之後還會用到，如果要用的時候再買新的就太浪費了。」

然而，在我看來，多年來一次都沒用過的東西，以後也不可能再用到，但是先生以「總有一天會需要」為由，希望將家裡的東西都留下來。其實，過去的我也是這樣，所以可以理解，況且這個房間不是我自己的，而是我們兩人的空間，所以我決定以尊重先生的意見為基礎，在他不排斥的範圍內慢慢地清掉家裡的東西。

首先，我丟掉功能重複的物品，以及已經壞掉，卻因為懶得處理而置之不理的東西。丟掉先生的東西前，我一定會先詢問他的意思，並且盡可能清掉更多我的東西。我相信，如果先生能親眼看見並感受沒有堆積如山物品的生活，他也會認同我。

隨著家裡漸漸變明亮，所有的東西都整理得乾淨俐落，先生也開始慢慢改變。最大的契機就是我們的世界旅行。由於出國時間長達一年，所以我們要處理套房裡的東西，因此先生也自然而然必須檢視堆積在家裡各角落的雜物，把因為覺得昂貴而捨不得丟的閒置衣物和家用品都清掉了。之前我連碰都不能碰的數十雙運動鞋，他也挑出來丟棄。

在世界旅行中，我們各自只揹了一個包包，一年的生活只需要一個包包的物品就足夠了，生活必需品其實沒有我們想像中多。我和先生在這過程中，就「我們所擁有的東西」、「束縛我們的物品」，以及「放下就能自由的雜物」進行了很多次的溝通。

如今，先生成了比我更精簡的極簡主義者。如果我們的生活有需要的東西，他會先不買，等到真的覺得不舒服才會購買——所以家裡沒有掃地機器人、烘衣機、洗碗機、除濕機、空氣清淨機、電視、微波爐、淨水器等家電。曾經最喜歡衣飾鞋子、連十年前的衣服都捨不得丟的男人，現在夏天只有五件輪流穿的黑色短T，冬天則只有三件黑色長T。過去經常處在飽和狀態的先生衣櫃和鞋櫃多出許多空間，也因此他有了充裕的閒錢開始理財。

夫妻要齊心協力過著簡單的生活，需要很多時間溝通和理解。如果我一開始就固執己見，不顧先生的意願隨意扔掉家裡的東西，他很可能就會排斥極簡生活。如同我不能理解先生堆積太多東西的生活方式，他也不可能了解我丟棄東西的方式，若當初沒有循序漸進，我們將成為無止境的平行線。然而，我們尊重對方的生活方式，並選擇分享彼此所有的經驗。

我從堆積太多物品、全部清空，再到篩選必需品的經驗中，領悟到東西夠用就好，也因此當時認為我們家裡的東西太多了。「越多越好」是社會強加給我們的價值觀，我的經驗讓我決定相信自己真實的感受和體悟。

擁有物品時，我會珍惜使用，但是如果這個東西真的用不到了，我也會毫無留戀地欣然處理掉。放下對擁有的執著，在擁有的時候充分享受的輕鬆心情，讓我們的生活更加幸福。

是的，我不太方便

如果有人問我這樣生活會不會不方便，我往往老實回答：「是的，有點不方便。」然後，就會看到大家瞪大眼睛，這是個意料之外的回答，他們無法理解為什麼要在不方便的情況下生活。

缺少東西會讓人感到不方便是理所當然的，但是我認為選擇「缺乏的不便」比背負著很多東西生活要來得更好。雖然不方便，但是對於過著極簡生活的理由，我其實很難給出更帥氣的答案。我就是喜歡並肯定其中的樂趣，因此與其編造能獲得他人理解的理由，我選擇大方說出：「我就是喜歡極簡生活。」

只要清空就能知道自己真正想要什麼。隨著物理和心理上的絆腳石逐漸減少，我感覺自己可以更鼓起勇氣決心去過想要的生活。

為了擺脫勒緊我脖子的無數東西，所以不斷減少物品的時期，我有一個夢想：「希望我所有的東西都能裝進一個行李箱，那麼無論何時何地，我都可以想離開就離開，想停留就停留，自由地生活。」從那之後過了幾年，透過與先生一起環遊世界，我真的實現將個人所有物品全部放在一個行李箱，並自由移動的夢想。

在即將踏上世界旅行之前，我們將小套房裡的生活物品全部處理掉，只留下可以放進兩人背包的東西。床和衣櫃等大大小小的家具全都以低廉的價格讓給下一位租客，其他生活用品也都在二手市場出售，或捐贈給需要的團體。

雖然我曾經自信地稱自己是極簡主義者，但是小套房也在不知不覺間堆積了很多東西。我本以為自己只靠最低限度的物品生活，當時卻再次意識到我仍擁有太多東西。

除了兩個旅行用的背包之外，還整理出兩箱要寄放在娘家的生活用品、兩個行李箱、電腦和寢具。我們約兩年的婚姻生活留下的包袱就這樣處理掉了，我那時的心情很微妙。然而，我當時想著，如果只留下兩個背包的必需品，以後只要我想要，就能隨時像旅行一樣離開或停留。

我還是很滿意在套房的新婚生活。因為空間很小，所以不得不減少許多物品並騰出空間，但也因此獲得了可以毫無留戀且輕鬆走向廣闊世界的勇氣。（如果我們沒有可以失去的東西，我們一定會更加勇敢。）

另外，我也體會到幸福人生需要的物品並不多。在我們的人生中有比物品和金錢更珍貴的東西，我和先生都由此體悟到應該要把生活的重心放在哪裡。

我的旅行背包重達七公斤，其中包含六件洋裝、一套運動服、羊毛衫和長外套。揹著七公斤的背包旅行一年的途中雖然有過不便，但是我從未感到不足。

沒有「珍貴的」東西

這是我們在世界旅行途中，停留在峇里島時所發生的事。我游泳後悠閒地坐在露台的搖椅上等待美麗的日落，此時椅子突然左右搖晃。剛開始，我以為這股晃動是來自搖椅本身，正想著要改變姿勢，才察覺到不只是椅子，整間飯店都在左右搖晃。

地震了！幾秒鐘的寂靜好似過了數十分鐘，先生和我什麼話都說不出來，全身都在顫抖。當震動減弱時，我們跑回房間，在裡面來回踱步，不知如何是好。

幸運的是，地震迅速停止，峇里島恢復到平靜美麗的狀態。度假村員工似乎很熟悉這種程度的地震，依然忙碌地工作。

但我心裡害怕的感覺並未消失，所以做的第一件事就是準備緊急避難包以防萬一。我打開衣櫃，開始把重要的東西放進包包裡，一邊思考晚上睡覺遇到地震時一定要帶什麼東西，一邊整理。

在面對生命危險時，必備的東西比想像中簡單，只有內衣和一件衣服、一件厚外套、手機、提款卡、現金、護照和一瓶水。我們夫妻倆一起拎著十七公斤重的行李去旅行，但是生存必需品就只有這些？然而，無論我再怎麼思索，也想不到還需要什麼了。

我在結婚前已經清掉了很多不必要的東西，為了旅行又再次丟掉了很多物品，所以旅行背包裡的東西都是我抱著「這是我的生活必需品」的想法所挑選出來的。但是在準備避難包的時候，我覺得連這些都毫無意義，畢竟在非常時期，連信用卡都沒有用處。

經歷災難後，我覺得也許生活中不存在「必須的東西」。生存所需的物品其實並不多……不，如果將生存放在第一順位，那麼除了自己的生命之外，沒有任何重要的東西。也就是說，生存物品排在生命之後，最後才是生活需要的東西。除此之外的東西都屬於「有很好，沒有也可以」。

一想到死亡，一切都變得更加單純。因為喜歡而覺得珍貴的東西以及生活必需品的區別也變得更加明確。在經歷峇里島的地震後，我對待東西的態度發生了很大的變化，一想到人生沒有必定需要的物品，我更加確定該珍惜的是什麼，對東西的執著和迷戀也都消失了。

東西存在的理由只為了使用。現在的我能毫無困難地丟棄無用之物，因為東西不再承載我沉重的感情了，不論是別人送的禮物、充滿回憶的物品或是高價購入的東西等，這些理由都不再束縛我。消除融入物品的感情之後，我發現自己也更加容易切斷只會傷害我的人際關係、改掉壞習慣，並消除不舒服的情緒等讓我痛苦的鎖鏈。

後來，我又經歷了一次類似的災難。當時我們住在濟州島的某家飯店，深夜飯店的火災警報突然響起，走廊所有的窗戶都自動開啟，房客們因為突發狀況而驚慌失措。我和先生只穿上簡單的衣服，立刻毫不猶豫地沿著緊急出口樓梯跑向一樓大廳。雖然火災警報聲大到讓我們的心臟撲通狂跳，但是幸好只是誤觸。我鎮定下來，回到房間呆呆地看著行李箱。我被突如其來的火災警報嚇了一跳，當時只想著不能死在這裡，一件東西都沒想到要收拾。

那一刻我領悟到東西就只是東西而已，從那次之後，再也沒有對我來說是「珍貴的」東西了。

「富足的」極簡主義

十年前，我為了過單純又輕鬆的生活而奮戰，那時領悟到的是「極簡生活沒有統一的正確答案」。

極簡生活的大方向是減少生活中過多的東西，使其成為我們可以承受的量，所以每個人實踐的過程和面貌可能大不相同，並不是只有扔掉所有東西、清空房間、讓洗手台乾乾淨淨才是極簡生活。另外，我們需要丟掉的也不一定是實質的物品，也有可能是過多的支出、過大的工作量、複雜的人際關係、暴飲暴食、不良的習慣或心態。

有人即使擁有的東西很少，但是只要品質好就算價格昂貴也會感到滿足，有人則將重點放在盡可能不擁有東西和節儉上。有些人想減少做家事的時間，以專注在育兒；有些人則是為了在什麼都沒有的房間享受安寧平靜，而開始了極簡生活。大家透過「最低限度的擁有」或「極度的節約」而實現的狀態都不同，所以每個人的極簡生活樣貌都不一樣，也因此沒有對錯之分。

很多人對於過著與別人不同的生活會感到不安，也因為沒有正確答案而覺得無所適從，所以他們希望極簡生活也有一個標準答案，好讓自己能不斷檢查是否脫離框架，同時也用這個標準去批評他人的生活。我覺得這麼做很可惜，因為每個人所重視和追求的本來就不同。

我的極簡生活十年來經歷了很多變化。剛開始因為嫌麻煩，所以幾乎扔掉了所有東西，接著把早已不使用、但捨不得丟的東西也都清掉了。隨著物品的消失，我的生活空間逐漸變大，開始可以慢慢處理掉以前難以丟棄的物品。那是淨化存在於物品中的過去、失敗、迷戀和執著的一段時期。

經歷上述過程篩選，留下了如同精銳部隊般的東西對我來說都更加珍貴，透過很少的東西就滿足的生活，讓我明白了人生中最重要的價值。

我意識到超出自己管理能力的東西浪費了我的人生，折磨我的事物也因此浮現，讓我得以一一消除——人際關係、職場、過度消費、暴飲暴食、焦慮、執著、對金錢的慾望等。這幾年我無數次反覆修剪，終於將浪費掉並感到不舒服的一切複雜東西都清空了，空出來的位置則被健康的東西填滿。我開始吃素，養成早睡早起的習慣，並且固定運動和進行節約。過著沒有多餘東西且符合自身心意的日子，我感覺生活被自己填滿了。

這讓我意識到，比起「扔掉東西」，更重要的是「健康地填滿」。與其買一百個不怎麼需要的，不如只買一個必需品，並且是「有益的」必需品。多虧我填滿了需要的東西，所以自然就沒有需要扔掉的東西，錢包也因此變得更飽了。我對他人的關注也超越了家人和鄰居，並開始對環境、動物和地球產生了興趣，所以嘗試實踐零廢棄、捐贈和定期捐血，這都是因為生活充滿幸福和滿足感，所以我想要分享並貢獻。

剛開始的我只是一股勁地清空物品，但是現在的我是慎重地清空並聰明地填滿，從而實現了自己的極簡生活。

我為什麼做不到？

我為何還不把衣服都扔掉？

我怎麼有這麼多想買的東西？

我為什麼喜歡大房子呢？……

我希望大家不要再拿自己的極簡生活和他人比較，並因此感到痛苦。極簡生活的最終目的不就是要讓我們過得更幸福，讓人生更美好嗎？為了過極簡生活，卻製造出過於空蕩、讓自己飽受折磨的居住空間，或是每天只穿單色的樸素衣服而覺得有點無聊，這不是適得其反嗎？

我希望每個人都能過著專屬於自己的理想日子，因為生活真的沒有正確答案。

盡全力使用，並且愉快地分享

我按照行程穿好衣服出門，今天要賣掉在為期一年的世界旅行中，總像跟屁蟲一樣黏在我背上、如同分身般的旅行背包。

雖然也想過是否要繼續珍藏這項充滿回憶的物品，但是像往常一樣，我認為把不再使用的物品放在家裡是浪費和奢侈，所以就將背包列入販售清單中，沒多久就出現了想購買的人。

我手裡拿著又大又重的背包，一邊走向約好面交的地點，一邊回想揹著背包穿梭於世界各地的回憶。剛開始因為背包太硬太重，我的肩膀和骨盆都因此紅腫痠痛，但是長時間使用後，背包變得非常貼合我的身體，是我非常感謝的物品。然而，今後我不會再長時間揹著它去旅行了，只會帶行李箱和小購物袋。雖然是充滿感情和各種回憶的珍貴物品，但是比起不再使用的我，給現在就有需要的人會更好。

買主表示不久後要徒步環濟州島，所以才想買下。我賣完背包後輕鬆地回到家裡，看到了原本放背包的空位。我想，我的旅行似乎在這一刻真正結束了，但是想到空出來的位置可以拿來放我們厚厚的棉被，我對背包的遺憾之情一掃而空。同時，一想到我的背包今後也會繼續協助某個人踏上旅行，心情就好多了。

販售二手物品是一件很有意義的事，因為我可以把不再使用的東西交給真正需要的人。背包以不到購買價的百分之十售出，但是可以傳遞給真正需要的人，就覺得這個金額也沒關係。

將不再需要的物品售出，可以延長完好無損物品的壽命，也有助於減少對環境的危害。最重要的是，二手交易可以成為再次思考物品珍貴性的機會。一張一千韓元的紙幣，就可以讓一個小小的物品遇到努力不亂花錢的人，也能讓我回顧自己的消費生活。

「非買不可」，我收到這則翻譯機產出的不正確韓文訊息，那是來自一位每次交談都讓我捧腹大笑的可愛外國大叔。他的耳機線昨天正好斷了，所以很高興能以更便宜的價格買到同款耳機，我給他看了有瑕疵的部分，他留下一句名言：「耳機只要能聽清楚聲音就行了。」這句話讓我沉思了好一段時間。我還透過二手交易認識了面交當場就迫不及待坐在購買的椅子上，並且稱讚連連的學生，這些人給了我許多啟示和感悟。

雖然我們只是為了交易二手物品而短暫見面，但是看著他們生活的片段，總能使我回顧自己。我會因此反省是不是太隨便對待自己的東西，以及是否總是隨意買下沒過多久就想轉賣的物品。我因此學會要盡量使用到不能再用，並且不選擇扔掉，而是分享。

最近，我認為不僅買東西，甚至在清空方面也要盡到責任。也就是說，不只是在購買的時候，就連在物盡其用後需要清空時，我也想以愉快的心情和美麗的樣子告別。所以我告訴自己，在選擇東西時要再更加慎重一點，挑選合乎自己心意的物品。

換季整理衣服時，我總會打開衣櫃，選出想清掉的衣服，並思考這些在二手市場能賣多少錢。之前聽到一句著名的極簡主義名言：「只留下讓人怦然心動的物品。」這帶給我極大的啟發，猶如靈光一閃的阿基米德，此後我成了一個能明確分辨心動物品的人。我拿出兩件不再讓我的心情激動的衣服，拍照後上傳到胡蘿蔔市場[1]。幾天後，我將再次與新買家見面，並且打招呼。

「請問你是……胡蘿蔔賣家？」

「是的，我是胡蘿蔔賣家。」

一箱蘋果的教訓

上次休假，媽媽送了我們一箱蘋果，因為送來時有些蘋果狀態不太好，所以她叮嚀我要先挑出來做成果醬，但是我嫌麻煩，一拖再拖，結果所有的蘋果都壞掉了。原本我們家三天的垃圾都裝不滿一公升垃圾袋，這次居然裝了滿滿兩袋的爛蘋果。我不只浪費了水果，還貼了垃圾袋的錢。

1 譯註：당근마켓，韓國二手商品交易平台。

我本來就不喜歡在家做果醬，只是因為有多餘的蘋果才想說試試看。果不其然，因為自己不愛做加上覺得麻煩，不斷拖延的結果就是可惜了一箱蘋果。以往去超市總是看著蘋果吞口水，現在卻連看都不想看。花五千韓元買來的三、四顆蘋果是那麼好吃，但是一旦冰箱裡堆滿必須要快點吃掉的蘋果，心情就不舒服了。

這一箱蘋果不是讓人感恩的幸福，而是成了要償還的債務。原本覺得甜美又好吃的蘋果，隨著我心情的改變，味道感覺也變普通了。

此外，為了將蘋果全部放進冰箱，我清出了不知何時儲存進去的食材。這個才一百三十七公升的小冰箱居然藏有必須扔掉的東西，以及根本記不得何時購買的食物，讓我嚇了一跳。

超越我們所能承受的食物和食材都是人的貪慾所造成的結果。即使必須承擔經常購物的不便，我認為還是吃多少買多少的方式更適合我。比起食材豐富，總是能馬上做料理來吃的冰箱，平時空空如也，偶爾才填入一點東西，小且有些貧乏的冰箱更讓我感到安心。

我們家和一般家庭一樣，平常都是做熟悉的料理來吃。需要購買的食材也都是那幾樣，我只是不買不熟悉的東西而已，並非刻意如此。偶爾在料理魂高漲的日子，由於渴望挑戰新菜色而購買的陌生食材，最終往往一半以上都會因為不想吃而丟棄，所以現在我都不買了。

我們一天會吃掉一包堅果，先生某次買了一箱十五包的分量，並表示既然都要買，乾脆一次買多一點。後來甚至一口氣買了裝有九十包的超級量販箱，他認為這樣未來三個月都不用再買堅果了——結果那箱堅果放了一年，過期了。

先生在整理過期的堅果時，也許是後悔自己買太多，所以一直說很可惜。

「那麼，我幫你做成堅果糖好嗎？」

他說不要，雖然捨不得扔掉，但是也不想再吃了。我希望透過這次經驗，先生能和我一起放棄貪慾。

「多不如少」這一點可不僅適用於食物而已。我用了幾個月的髮圈不見了，於是在超市買了三條新髮圈。我本以為多幾條會更方便，但是自從有了三條髮圈，我開始到處亂放，常常忘記到底放在哪裡，只想著「反正我有三個」就越來越隨便。髮圈數量變多反而讓生活更加不便，所以我從此決定一次只擁有一條髮圈，於是扔掉已經鬆弛的髮圈，至於還很新的則拿來整理筆電的充電線。現在我的手腕上只掛著我唯一的一條髮圈，所以絕對不會再忘記放在哪裡。

遇見幸福的極繁主義者

有位朋友去年夏天買了房子，裝潢好後她邀請我參加喬遷宴。在拜訪她的前幾天，我詢問是否有需要的東西，她卻這樣回答：「我是超級極繁主義者，所以家裡什麼都有了，你空手來就好。」

我這個極簡主義者居然受邀參觀極繁主義者的家！不知怎麼的，我非常期待喬遷宴的日子到來，因為那是和我的喜好完全不同的家，所以非常好奇朋友家的樣貌和氛圍。

決定買吃的作為喬遷禮。我知道即使費盡心思挑選實用的物品，極繁主義者的家裡肯定也會有重複的東西，我不希望自己送出會淪為垃圾的禮物。食物是吃了就會消失無蹤的東西，沒有比這個更適合送給極繁主義者了，所以當天便拿著蜂蜜蛋糕和進口巧克力禮盒上門拜訪。

一打開門，能讓心情變好的淡淡香氣撲鼻而來，客廳的大窗戶上吊滿了青翠的植物。朋友表示搬進這間房子後就不想去任何地方，只想待在家裡，我點頭表示認同。朋友的家就像必須提前好幾個月才能成功預約的超人氣獨棟森林風民宿一樣，裡面擺滿了喜歡的東西，裝飾得非常溫馨，整體氛圍就像她本人一樣可愛漂亮。

而且正如朋友所說，她家裡什麼都有。不僅是必要的家電和家具，還有各種二、三十歲女性都想要的品牌家用品，以及許多我第一次見到的獨特神奇東西。比方說，一次能釋放出三種香味的香氛棒、能用聲控方式播放自己喜歡音樂的ＡＩ音響等，我聞著乾衣機烘好的乾爽飯店級毛巾香味，不斷稱讚各種新奇物品。

最有趣的是，許多我認為只能在餐廳買來吃的食物都能在她家順利做出來，這讓我像回到小時候玩辦家家酒遊戲一樣興奮。我們用章魚燒機做了章魚燒來吃，用鬆餅機烤出可朗芙[2]，還學咖啡廳在上面放哈根達斯冰淇淋，淋上楓糖漿，再用漂亮的刀叉切來吃（當天在場的訪客沒有一位聽懂我朋友說的可頌麵包品牌）。咖啡豆也有三種，所以我們按照各自的喜好沖來喝。對於盡量少買咖啡豆、喝完之後才會買新咖啡豆的我來說，朋友家就像寶庫一樣。

氛圍好到如同早午餐咖啡館的朋友家，到了晚上又變成另一個空間。

「要喝普洱茶嗎？」這一句話讓朋友家瞬間成了安靜的茶館。

我們坐在茶道套組前，不久前大家還在使用的時髦物品都消失了，我們突然像綜藝節目《孝利家民宿》中的李尚順安靜坐著，優雅地喝茶。聽說能分解

2 譯註：Croffle，一種把可頌麵團利用鬆餅機熱壓而成的甜點。

脂肪，我一把接過朋友遞來的普洱茶，連喝了好幾杯。

我在朋友家過得非常舒服，雖然這個家滿到幾乎沒有空隙，但是卻與我過去被物品佔領的房間形成強烈對比。我本以為東西多只會製造鬱悶感和壓力，但是對朋友來說，家裡所有的東西都是快樂和幸福的泉源。

我的生活方式是只有無法再刪減的簡潔物品，我在這樣的生活中感到幸福和滿足。朋友則是用喜歡的東西填滿家裡，也同樣快樂地生活著。我們雖然過著不同的生活方式，但是都真正感到有趣且幸福！

拜訪朋友的那一整天，我從覺得陌生、新穎、神奇，一路到感受清新、漂亮且快樂，這讓我發現體驗別人的家真是一件令人感到有趣的事，我也領悟到無論是極簡主義還是極繁主義，我們都可以藉由自己想要的生活方式感受到幸福。

因為什麼都沒有，所以做不了任何事的地方

我常常都在煩惱要再放下什麼，以便可以更自由輕鬆地生活。

我想在人生中至少嘗試一次極度受限的生活，藉此去了解自己的生活到底需要多少東西，我能承受多少不便，又能放下多少原本擁有且享受的物品。聽說有可以這樣生活的地方，位於泰國南部的國家公園——素林島，那裡沒有電、沒熱水，也沒有Wi-Fi，連可以住宿的建築物都沒有，所有入島的遊客都要在帳篷裡生活。

據說每年開島時，世界各地都有人來到素林島生活一兩個月。雖然這座

島有許多不便之處，但是眾人還是會來拜訪肯定是有原因的。這座島如同只有熟人之間才能共享的祕密基地，所以我在網路上搜尋時也只找到寥寥資訊和心得。

我也想去看看，過一下什麼都沒有的生活，而那是能完美進行我實驗的地方，所以便將這個地點排入世界旅行的計畫中。

由於素林島是一座每年只能在規定的時間內停留，平時無人管理的島嶼，所以得要好好安排日期才行。我們從曼谷到普吉島，再從普吉島南部海岸的小村莊科蘇林部碼頭坐船、搭公車和計程車，再換一次船，好不容易才抵達素林島，但是我沒想到下船才是難關的開始。島上沒有碼頭，小船到了淺灘，穿著長褲和運動鞋還揹著大背包的我動彈不得，必須將長褲挽到大腿，再將鞋子脫下來綁在包包上，在先生的幫助下好不容易才到了陸地上。

穿過沙灘，我們跟著一起下船的人走進茂密的林間小路。猴子在爬樹，旁邊樹枝上的鳥看到人也毫不害怕地大聲叫著。才剛下船，我們就感受到這裡沒有文明可言，只有大自然。

我們在服務台付了國家公園的入場費和帳篷費用後，跟著員工找到了分配給我們的帳篷。在樹木茂密的海邊，國家公園管理的數十個帳篷櫛比鱗次，我們被分配到最有人氣的位置——那可是大海就在面前的開闊海景房呢！「能分配到海景房帳篷是很難的，你們很幸運，今天剛好有人離島。」

一位外國旅客瞥見我正在解開行李，豎起大拇指說：「你們運氣真好。」我對他笑了笑，把行李全部解開。

其實也沒什麼特別需要整理的行李，因為只有一個帳篷，空間只夠兩個人躺下。只揹著背包旅行世界的我們沒有枕頭和被子，只能把衣服當作枕頭，並蓋著長外套和襯衫睡覺。

第一次向先生提起素林島時，他表示感覺會過著如同行軍般的生活，所以不想嘗試。我努力說服先生，好不容易才來到島上，但是從第一天起我就感到不安。

躺在因炎熱而如同蒸籠的帳篷裡，我的汗水和地上的濕氣相遇，身體彷彿黏在地板上。即使坐在樹蔭下也感受不到涼風，就算不進海裡，全身也馬上就沾滿了鹽，嘴唇上總是有鹹味。

如果是一般的住處，用遙控器一下就能打開空調，但是這裡別說空調了，因為不能用電，所以連電風扇都沒有。我暗暗期待島上唯一的餐廳兼服務處建築物內可能會有空調或電風扇，但是前往一看，我的天啊！這是一家沒有牆壁和門的寬敞開放式餐廳。

要用全身承受酷暑讓我的後悔湧上心頭。早知道就不來了，身為都市女性的我難以適應什麼文明都沒有的大自然生活。這個實驗似乎失敗了，我煩惱要不要打聽明天離開島的船隻。

然而，人類是適應的動物，我慢慢地習慣了這裡什麼都沒有的生活。反正會一直出汗，所以我乾脆不洗澡，而是泡在涼爽的海水中，再到太陽下晒乾身體。感覺全身都要變成鹽時，我才會穿著衣服，簡單地用冷水沖洗全身。剛開始我以為自己無法用冷水洗澡，但是只要憋氣快速結束，其實也還好。

在沒有網路、音樂和咖啡廳的地方，太陽一下山，整個世界就一片漆黑，除了睡覺之外什麼都做不了。凌晨太陽一出來，由於沒有可以躲避的地方，所以只能睜開眼睛。在什麼都沒有，什麼都做不了的地方，我漸漸品嘗到自己想要的單純。

黎明時分，我揉了揉眼睛，起身走出帳篷，欣賞從連接著大海和天空的地平線上升起的太陽，以及被陽光浸染的廣闊自然。每天早上，我們都會在帳篷附近觀看兩隻打架的猴子，蹲在地上為每天逐漸成長的植物幼苗加油。早上七點三十分餐廳開門後，我們會看著菜單隨意點餐來吃。回來後就坐在帳篷旁邊、木椿上、沙灘上，在即使沒有椅子也有無窮座位的大自然中發呆消磨時間。

有趣的是，因為所有人都無事可做，所以大家開始在帳篷附近舉行大大小小的聚會。其中有一起冥想的人群、在海灘上做瑜伽的人群、在浪打來之前努力堆沙，再看著沙堆慢慢倒塌的人群等。神奇的是，在這裡的人都是空手度過每一天，在城市裡絕對不可能這樣度過，但是在這裡卻是理所當然。雖然看似無所事事，但是大家都在安靜地尋找自己的意義。

在這個本該讓人感到不舒服的地方停留的時間越長，我的身心就越舒服。即使不特別抽出時間冥想或練習正念，我也很平靜，且時時刻刻都感受到莫大的感謝和喜悅。在清澈的大海裡游泳也好，坐著發呆也好，我都很開心。這個狀態相當符合、甚至超越我的期望。我和先生非常自然地放下手機，我們沒有費盡心思嘗試連接Wi-Fi，也沒有確認時間。擺脫電子機器的我們，以日出和日落為基準起床、吃飯和睡覺，過著非常單純的生活。

生活必須的東西真的不多，即使讓我的生活更豐富的文明物品從生活中消失，我的生活也不會崩潰，當我領悟到自己可以感受另一種生活的豐富時，安心感油然而生。

現在的我不會為了得到更多東西而汲汲營營，也不再因為害怕失去或錯過擁有某些東西而執著。在素林島帳篷度過的生活就像我人生的指南，讓我總是能找回初心。如果日後的生活再度忙碌到忘了這份心情，我會再回素林島，到時候連背包都不打算帶著。

一年都不購物

我決定過一年都不購物的生活。

我喜歡平底鞋和洋裝，也喜歡閃閃發亮的飾品。身為喜歡打扮的人，一年都不買這些能裝飾自己的東西是非常巨大的挑戰。

這不是一條容易的路。不購物時，我常常覺得世界上突然湧出許多漂亮的新鞋新衣。無意中經過百貨公司或街頭服飾店時，有時候會覺得自己的樣子很寒酸。人的心理很神奇，明明沒什麼特別的慾望，但是看到新東西就會突然想買，即使是不需要的東西，也會因為「想買」的慾望而動搖。

但是在開始過極簡生活之後，不購物變得容易多了。我更加了解自己，也很滿意現在所擁有的東西，這樣就足夠了。

過去的我，每季都會像進行儀式般的添購衣服和鞋子，但是現在的我發現即使不這麼做，自己也完全可以幸福地生活。只要把衣服洗乾淨，掛在款式一致的衣架上，像服裝店那樣整理整齊，我就會再度愛上並珍惜自己擁有的衣服，這樣一來想買新衣服的慾望就消失了。再加上我只留下自己喜歡的衣服，所以煩惱今天不知道該穿什麼的外出準備時間也變短。現在我的四季衣服總共才三十件。

我的媽媽小時候因為生活困難，都是穿哥哥姊姊穿過的衣服，一直穿到衣服壞掉，外婆才會買新衣服給她。媽媽說，如果外公外婆每年都能買一件衣服給她的話，她可是會開心到每天只穿那件新衣服。

仔細想想，我似乎從來沒有衣服是因為破舊而扔掉的，通常都是穿膩了，或是因為衝動買了不合自己尺寸和風格的衣服才扔掉。鞋子也是一樣的情況。

我想，也許是物質豐富的世界奪走了能讓人更感到快樂、幸福且滿足的環境。過去的我即使每個月買新服飾和物品，也感覺不到擁有的幸福，那是總是處於不滿足狀態的時期。因此，我下定決心要把衣服和鞋子穿到不能再穿為止，才能再買新的。

就這樣在結束「No Shopping」一年的那天，我將一兩年前購入、已經破舊不堪的三雙平底鞋和運動鞋全部處理掉，然後各買了一雙新的運動鞋和平底鞋。時隔一年終於又有了合我心意的新鞋，讓我每天早上都很愉快，因為那是等了很久才擁有的新鞋，所以心情特別好。

茫然地因為新品、打折或單純漂亮就購買物品的行為，對我來說已經是很遙遠的事。現在的我只憑「Eye Shopping」就能得到滿足，也習慣只買所需物品，而非衝動想要的東西。我養成了不被購物慾望和流行所左右的力量。

我的衣櫃裡只掛著喜歡的衣服，鞋櫃的空間也變寬敞了。因為維持品味的費用減少，所以存款也增加了。今後，比起享受盲目衝動消費、購買新東西的樂趣，我更想成為珍惜並長久使用現有物品的人。

PART 2

小房子的簡樸生活空間

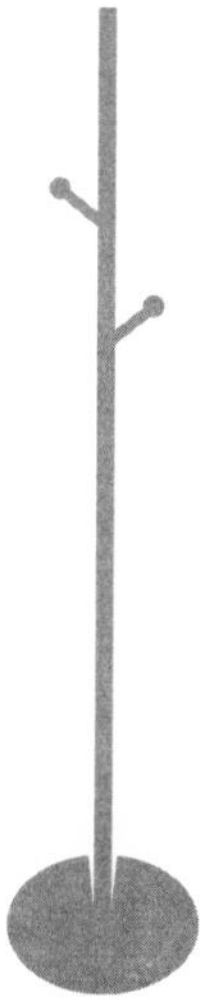

住在條件適中的房子裡

我們當年因為出國旅行而賣掉房子，回到韓國後發現要重新找房子不是件容易的事。先生找到工作後，我們為了尋找公司附近適合的房子，每天都在看屋。我們預算買得起的房子，條件比想像中惡劣，從照不到陽光而陰森森的平房，到充滿煙味和黴菌的老舊住宅，沒有一間房子令人滿意。

一周來仔細篩選出售的房子，但是水準都差不多，我們的眼光則在找房子的過程中越來越高。在我們找房子的時期，房地產政策改變，所以房價大幅上漲，受此影響，我們也很難租到全租房[3]。韓國到處都在談論房地產，大家都認為要趕快置產，到了即使出賣靈魂也要貸款買房的地步。房地產仲介也煽動我們：「大家都是這樣，所以你們也要趕快貸款買房子，這是能夠賺錢的途徑。」聽到這番話我也心動了，過去我一直覺得自己擁有的東西已經足夠了，但是看著房子，卻感覺到我所有的東西非常不足。

不論是過去還是現在，我擁有的東西都一樣，但是現在卻非常痛苦。我感到貧困，急著想趕快賺更多錢，希望在房價再度上漲前想辦法籌到錢買房，這樣才會覺得安心。我因此每天都急得跳腳，沒想到讓我冷靜下來的是我先生。

「親愛的，請回想一下我們在世界旅行時學到的東西。就算沒有房子，我們也能過得很好，以後也會如此。即使現在買不起房子，也不代表我們擁有的不夠多，你懂嗎？」

---

3 譯註：韓國特有的租房方式，房客不需按月繳納租金，而是付給房東一大筆押金後即可入住。

先生說得很對。在目前的情況下，如果我們打腫臉充胖子貸款，確實可以買到非常老舊的公寓，但是即使明知不合理，也要欠下無法承受的巨額債務嗎？我冷靜思考之後，明白現在想馬上買房子的心情是不合理的慾望。

我不想為了買房子而犧牲生活品質，而是希望為了好好生活而買房子。我再次找回生活的重心。

我們都希望生活是有餘裕的。生活餘裕的第一條件是足夠的存款，這就是我不願意承擔不合理債務和利息的原因。我們選擇走和他人不同的路，也許現在這個選擇會讓未來的我們感到辛苦，但是我們仍然無法放棄想要的生活方式。

雖然我現在想要的東西很明確，但是目前沒有足夠的錢。那麼，我只有一個選擇，就是在賺到足夠的錢之前，住在大小適中的房子裡。於是我放下貪念，選擇合理的房子。雖然因此不得不放棄新建案、兩房、步行上班的距離等諸多條件，但是得益於此，我們找到了相當滿意的乾淨小房子。

就這樣，重新開始住在套房的生活。搬進套房的前一天，我們只帶了簡單的隨身物品就進去套房打掃。打掃了一整天，我們把行李箱平放在地上當飯桌，還在地上鋪一條被子，把毛巾當枕頭睡覺。在沒有許多生活用品而感到不方便的情況下，心情卻意外地平靜。

當我們把目光放在外在的刺激、競爭和比較上時，往往會產生無止境的渴望和慾望。即使得到再好、再貴、再有名的東西也很難完全滿足。找房子的時候，由於我的視線一直朝外看，所以在大家都不惜一切買房子的氛圍中，我的心也因為買房的慾望而焦躁不安。搬進小套房後，我又花了一段時間把重心再次放到自己身上。剛開始，一想到要放棄自己很想要的東西，就覺得非常痛苦，但是真正放下後，我發現這些都只是縹緲的慾望而已。

新套房位於安全舒適的社區，房子清爽乾淨，只需要繳交不會讓我們感到負擔的租金，就可以安心在裡面休息。我們也因此每個月都能有足夠的錢買想吃的東西，並做想做的事，這讓我們能以輕鬆的心態過生活，我覺得這樣就夠了。只要將重心放在自己身上，我就能永遠感到滿足。

不再購買的東西

我真的需要這個嗎？用這個東西的目的是什麼？這個目的是我人生中必須的嗎？以上是我每次面對物品時都要經過的思考階段。很多一開始覺得必要的東西，仔細想過後就覺得沒有也沒關係。

過去的我不會思考自己是否需要，所以東西反而成為我浪費時間、精力和金錢的原因。隨著逐一處理這些物品，並將它們從生活中抹去，我漸漸遠離視物質為理所當然的世界，並且變得更自由。以下是我不再購買，現在家裡沒有的東西。

1. 卸妝油、護髮乳和沐浴乳

我在減少化妝品的同時也處理了卸妝油。護髮乳和沐浴乳也一樣，我不再需要讓頭髮無法呼吸的護髮乳，以及含有界面活性劑和防腐劑，導致洗了之後使身體更乾燥的沐浴乳。

除此之外，我也清空了臉部去角質、腳後跟去角質等針對不同部位，希望取得某些效果而購買的各種洗潔劑和乳霜。過去沒想過就和先生分開買的洗髮乳，後來也統一只用一個。

我們家的浴室現在只有一塊香皀和一瓶洗髮乳。洗頭用洗髮乳，洗臉和身體則用香皀。光是不用護髮乳就讓打掃浴室變簡單，隨著產品的簡化，我們的洗澡時間也大幅縮短。

2. 化妝水、精華液、眼霜

我將化妝水、精華液、眼霜等過去依序勤勞使用的護膚產品全部清空，只留下一種成分溫和的乳液。夏天皮膚容易出油少抹一點，冬天皮膚乾燥緊繃就多塗一些。

有人說是因為我皮膚好才能這麼做，其實我的皮膚非常乾燥，是需要將夏天和冬天產品分開使用的類型。然而，現在儘管一年四季只塗一種乳液，皮膚卻比使用多階段護膚產品的時期更加健康。

3. 衣物柔軟劑、薰香精油、香氛蠟燭等製造化學香氣的產品

隨著我開始挑選成分無害的產品，人造香氛產品瞬間變成我難以忍受的東西，我一一處理掉後，它們已經全數從我家消失。

本以為我會不習慣，但是丟掉這些產品後，卻覺得家裡變得更清爽了。我也領悟到，透過化學香氣遮掩異味並非好方法，勤快擦拭和清潔家裡才更容易清除異味。

想改善室內氣味的不二法門，就是充分的通風和定期清潔，用香氛產品掩蓋異味的效果不會比較好。天然精油散發的淡淡香氣、香味清淡的香水，以及一款我按摩時會用的按摩精油香味，這就是現在我們家所有的味道。

4. 各種收納盒

過去我為了將房間整理得好看整齊，總會習慣買各種收納盒來用。但是，好的收納法其實是盡量減少物品，使東西不堆疊，並且能一眼就找到。

如果家中沒有不必要的東西，當然也就不需要收納盒。如果你想買收納盒來整理東西，就代表該空間的物品已經太多，需要清理，此時與其去買不必要的收納產品，不如減少東西吧。

5. 室內裝飾品

我們家沒有任何單純為了讓空間看起來美麗或溫馨的室內裝飾品，都是生活中一定會用到的東西。

裝飾的快樂是短暫的，裝飾品只會佔空間，久了還會積灰塵。我唯一會偶爾享受的室內裝飾是鮮花，但是我連這個都不想長時間放置，一旦枯萎就會馬上丟掉。

6. 手機分期付款

「一個月只需繳一點錢」這樣的甜言蜜語，讓許多人都未經深思熟慮就購買新手機。我之前也不排斥，總是使用兩年的分期付款合約更換手機。後來，偶然得知終端機的分期付款利息在百分之五以上後，我當天就償還了剩餘五十萬韓元的終端機費用。結清費用後，手機的價值才真正觸動了我，讓我更加珍惜。

現在，我都是以低廉的價格購買上市三年以上，價格已經大幅下降的手機，並辦理六千韓元左右的廉價通訊方案。我這輩子已經不打算再用分期付款買手機了。

7. 形形色色的筆和設計文具

我清掉了無法用一個鉛筆盒收納的筆和文具，以及數十本筆記本，只留下一枝常用的黑筆、別人送的原子筆、一枝色鉛筆，以及一枝螢光筆。只有用完後，我才會再買一件同樣的產品。

扔掉前最讓我覺得可惜的是文具，但是丟掉後我最不想找回來的也是文具。雖然文具可愛漂亮，但是我已經決心不再花錢買平時很少使用的花稍文具。

8. 微波爐、咖啡壺、電子式淨水器和電視

我家沒有微波爐、咖啡壺和電視，因為我不買需要使用微波爐的即食食品，剩菜我都是用平底鍋加熱，水則用非電子式的Britta淨水器過濾後飲用。需要燒開水時我會使用鍋子，想看的電視節目則會花錢買下後，用筆記型電

腦看。

有這些小家電生活當然會更方便，但是沒有也不會太不舒服，所以我不買。

9. 廚房和浴室的腳踏墊

生活中有許多我不了解為何需要擁有的物品，廚房和浴室腳踏墊就是這樣的東西。

無論去哪個家，這兩樣東西都理所當然地守在特定的位置，彷彿是家家戶戶必備，但事實上它們非常礙事。每次洗的時候都會揚起厚厚的灰塵，讓人很不舒服。我思考著家裡一定要有墊子嗎？把墊子丟掉會怎麼樣呢？正如我所預料的，即使把腳踏墊全部清理掉，也沒有發生任何問題。我就這樣擺脫了定期清洗墊子的壓力。

整齊的玄關和數量適中的鞋子

去日本旅行時，日本的房子讓我印象深刻。日本的房子外觀總給人整齊的印象，籬笆內的小院子草坪被修剪得平整漂亮，門前也乾淨俐落，沒有任何雜物。更令人吃驚的是，打開門進入玄關時，門前的地板就像剛蓋好的新建築一樣閃閃發亮，一塵不染，乾淨到讓人猶豫是否可以穿著鞋子進去。

在那之前，我從沒擦拭過我家的玄關，因為從未想過那是需要擦拭的空間，所以日本一塵不染的玄關才讓我如此震驚。

那次我所拜訪的是日本家庭經營的Airbnb，所以不僅是玄關，連浴室和廚房的水龍頭也閃閃發亮，白色的被子則散發出如同剛洗過一樣的淡淡香氣。感受到停留在乾淨空間裡的舒適感後，我才真正領悟把生活空間打掃乾淨的好處。

結束旅行回家後，我想把玄關改成像在日本住過的房子，但是這並不容易。我們家門口總是擺放著鞋子、雨傘、可回收垃圾桶等各種物品。如果想打掃，就要把所有的東西都拿走，實在太麻煩了。嫌麻煩的我一直將這件事往後延，結果我家的玄關還是原本的樣子。日子久了，我逐漸遺忘在日本感受到的強烈衝擊，也放棄整理。

沒想到本來要下大決心才能提起勁打掃的玄關，居然透過極簡生活輕易解決了。為了打造簡約的房子，除了很喜歡的鞋子之外，我將舊鞋子全部斷捨離。過去總覺得隨時會爆開的鞋櫃終於騰出了空間，即使將雨傘放進去也綽綽有餘。隨著鞋櫃空間變大，許多原本擺在玄關的物品都沒有必要繼續放在外面了。我處理掉形形色色的物品，最終打造出零雜物的玄關。

玄關沒有雜物後，打掃起來簡直就是小菜一碟。只需在每次用吸塵器打掃家裡時，順手吸玄關的地板，偶爾用抹布擦一擦，就會乾淨到能赤腳踩在上面。

每當視線不經意飄向玄關時，那乾淨整齊的樣子總會讓我心情變好，也因此自然而然養成每天打掃玄關的習慣。對我來說，玄關不再是骯髒的地方，乾淨的玄關成了我打掃的動力，對維持室內舒適大有幫助。

此後，我家的掃除都以打掃玄關結尾。過去的我會將外出後脫下的鞋子拿起並抖落灰塵，放入鞋櫃後用去掉吸頭的吸塵器吸泥土和灰塵，通常到這個步驟清潔就結束了，但是現在我在擦家裡地板時，也會一併用濕抹布擦玄關，偶爾還會擦玄關的門和鞋櫃的門。

玄關打掃的要點是鞋子不該放在鞋櫃外，否則到處亂放的鞋子會妨礙我們使用吸塵器或擦拭地板。如果你也不想把鞋子放在鞋櫃外，應該從一開始就只擁有可以放進鞋櫃的鞋子數量。

想擁有適當數量的鞋子沒有特別的祕訣，只要遵守「In and Out法則」即可，也就是必須處理掉一雙鞋，才能買一雙新的。

雖然多數人都有十幾雙鞋，但是常穿的鞋子就只有那幾雙合腳舒適的，其他鞋子則放在角落裡，放到皮革脫落、發霉或退流行，最終也不會再穿，而是選擇丟棄。

大家對房子的第一印象就是玄關，所以玄關乾淨的話，別人對你家的印象也會變好。來我們家的客人是如此，住在裡頭的我也是一樣，特別是從外面回來時，看著一塵不染的玄關發光的樣子總會讓我忍不住心想：「啊，終於安全回到屬於自己的溫馨空間了！」

另外在風水上，玄關也是家中最重要的場所之一。為了隨時保持空氣和能量循環，玄關不應有任何雜物，沾滿泥沙的鞋子也要經常整理乾淨，並盡快放進鞋櫃裡。這樣一來，玄關就會招來福氣，財運也會變好。（信不信由你。）

浴室裡只要有一塊肥皂就夠了

「居然有這麼簡潔的浴室！」如果有人沒聽說我們是極簡主義者就來拜訪，也許會以為這是沒人住的房子，因為裡面的東西太少了。

如果要我選出家裡最簡約的地方，我會毫不猶豫地說是浴室和臥室。我們的臥室只有一張床，浴室裡則只有一塊肥皂。臥室僅是睡覺的地方，浴室只是洗澡的地方，所以臥室只要有床，浴室只需要肥皂就夠了，兩者都是真正忠於房間目的的空間。

浴室的儲物櫃裡有先生每天使用的電動刮鬍刀、毛巾和備用的衛生紙。除了衛生紙之外，我不會準備備用的香皂、牙膏和牙刷等。過去如果家裡沒有備品我就會感到不安，所以總是會準備多餘的分量，但是這樣往往容易準備過頭，尤其一到生活必需品打折的期間，我就會以「反正放在家裡都會用完」的心態，合理化衝動購買的行為。

然而，不再購買多餘的備品後，我反而不再感到不安，也由於住處附近就有超市和便利商店，牙膏和牙刷快用完時，只要趁著買菜再順便買就好。一次只買一兩個生活必需品的習慣在經濟上也有好處，不過最重要的是儲物櫃會有更多空間。

之前有段時間因為太過忙碌，沒有注意生活必需品的補充，牙膏快用完了也沒買新的，所以過了幾天原以為會不方便的生活，但是神奇的是，過得其實還不錯。如果是平時，即使還沒用到真的擠不出來的程度，我們也會丟掉舊的並開新牙膏來用，但是因為那時沒有多餘的牙膏，所以不得不堅持到購買新牙膏為止。

我們剪開牙膏管，本來以為不會剩下多少，但是卻仍有可以再用三、四天的量。既然沒有備品其實也過得去，所以我決定不再操之過急，不要過度囤積，這些日用品每次只買一份就好。

還有，我家的淋浴間只放了一瓶洗髮精，洗臉台上只有一塊多效合一的香皂。儘管市面上有很多具備多種功效和吸睛設計的沐浴用品，但是我覺得只要這兩件就足夠了。

以前，洗澡時我會依序使用卸妝油、洗面乳、乳液、洗髮乳、濕式護髮乳、乾式護髮乳、沐浴乳、身體乳等。再加上先生的沐浴用品，我們家浴室的儲物櫃和架子上總是擠得滿滿的。浴室裡有已經用完卻沒有及時清掉的洗髮乳，我也常常新開了某樣產品後，才發現功能相同的舊產品其實還沒用完，因為當時的浴室已經飽和到無法管理的程度了。

然而，經過減少和清空的過程，我發現只要有洗髮乳和肥皂就夠了。所有的一切只要忠於本來的功能就可以。如今，在購買浴室用品時，比起查看功效、品牌和香味，我更注重成分，因為這可是洗澡時唯二使用的產品，所以我想盡可能精心挑選不會傷害身體和地球環境的商品。香味和價格固然重要，但是更重要的是我們可以放心使用的簡單無害成分。

清潔用品也是如此，以前我分別有浴室用、馬桶用、鏡子用、清除汙漬、液狀、膏狀和粉狀的清潔劑。只是打掃浴室而已，不知為何需要這麼多功能不同的產品。我以為完整擁有一系列按區域分類的清潔用品，我們的生活可能會更便利，但事實上卻只是變得更加複雜。一塊肥皂就夠了，用四、五種清潔用品雖然能一次就刷乾淨，但是手卻會沾上有毒的化學成分。

不管是浴室還是清潔用品，其實只要能把汙垢洗乾淨就足夠。我在洗澡前會用刷子沾肥皂水打掃浴室，由於沒有放在浴室層架或馬桶上的用品，所以每次打掃都不會超過三分鐘。在等待冷水變成熱水的期間就整理完畢。如果能每天進行這樣簡單的清潔，浴室就不容易發霉，也不需要有毒的清潔劑。

只放著洗髮精和肥皂的淋浴間，只要用刷子就能簡單清潔。不擁有很多東西能讓生活變簡單輕鬆的原因就在這裡。物品越少，空間管理就越容易，我們的生活也會變單純。

一百三十七公升的冰箱

新婚初期，我們夫妻的冰箱只有一百三十七公升。這個住在小套房時使用的冰箱比我還矮，所以想從冷藏室底部拿東西時，還必須將腰彎得很低。我媽媽一直很好奇用這麼小的冰箱能做出什麼好料理，但是住在那個小套房的兩年裡，我們總是吃得健康而且津津有味。

剛開始因為無法準確估計冰箱所能儲存的量，所以每次去超市都會買過多的食材，冷藏室和冷凍室不只一次因為填得滿滿的而難以拿出東西。

某次要和先生外出旅行兩周左右，所以清空了冰箱。自此之後，我們下定決心盡量把冰箱裡的食材用完後再買菜。由於冰箱只有一百三十七公升，所以剛開始以為需要兩、三天就採買一次食材，但是出乎意料的是，這樣的量其實能讓我們吃十幾天。就這樣，去旅行前空出來的冰箱完全改變了我們使用冰箱的方式。

我們發現一百三十七公升的冰箱對兩個人來說尺寸並不小，只要填滿冰箱，甚至可以一個月都不用買菜。

我之前老是覺得這個冰箱很小，認為唯有讓冰箱處在很滿的狀態才能隨時有食物吃，但是後來才發現不需要做到這種程度，也有能過好日子的充足食材。另外，過去為了消耗過多的食材，總是勉強自己吃，所以並不是很愉快。每次出去買菜時，出於好奇心購買的陌生食材往往造成麻煩，無論是勉強吃掉還是任其腐爛，都讓人很不舒服。

過去我之所以在吃的方面一直覺得不是很開心，是因為把冰箱當作萬能食材倉庫，經常購買比實際能吃的量還要多的食物，並且不加思索地將它們塞進冰箱，彷彿放在冰箱裡的東西永遠不會腐爛。

旅行前盡量把冰箱食物吃完的經驗，成為我們深入思考冰箱功能和目的的契機。冰箱的功能是透過降低溫度來減緩食物腐爛的速度，換句話說，冰箱的目的僅是為了暫時保持食材的新鮮度。

意識到冰箱不是能永保新鮮的萬能家電後，一切都豁然開朗。

如果不是故意想吃腐爛的食物，就沒有必要把冰箱囤得滿滿的。我決定不再這麼做，改成把附近的超市和住處對面的便利商店當作我的食材倉庫。超市和便利商店是我不花電費也能保管食材的地方，我也沒有必要再為了清庫存而強行食用。超市替我管理一切，我每次拿必要的食材並付錢就可以了。這樣一想，就不再需要每次都因為把食材或零食囤積在冰箱而戰戰兢兢。

每天我都會簡單買幾樣菜，用新鮮的食材做健康的料理。如果還剩下一點食材，第二天買一兩樣能搭配的就好。過去長時間放在冰箱裡腐爛或發霉的食材消失了，讓我湧起了身為主婦的小成就感和喜悅。

後來要重新買冰箱時，大家都說應該要買八百公升的中大容量雙門冰箱，但是我果斷選擇了三百公升的冰箱。那個冰箱有一百公升左右是作為辛奇冰箱，所以一般食材實際能用的冷藏容量只有一百多公升，但是我很少會將這個空間填滿。因為我只買必要和想吃的食材，以及我們能吃完的量。

沒有突然的折扣活動能動搖我，因為比起購買便宜的食物帶來的喜悅，我寧願買自己喜歡的東西，並且吃得一點都不剩，那才是真正的精打細算。

即使有時會因為食材不足，需要在家門口的便利商店用比較高的價格少量購買，我也不想再因為食物快到期而硬吃，或是扔掉那些裝在發黑的袋子裡、已經變成化石般的來歷不明食物，也不希望再因為食材腐爛而浪費丟棄。

不只是蔬菜水果，即使是一塊麵包，我也想吃最新鮮的，這樣才吃得香。

想隨便做家事的季節

這是幾年前去越南旅行回來後發生的事，過了這麼多年我依然忘不了當時的心情。

因為是從緊湊工作行程之間擠出的寶貴休假，我希望能旅行久一點，所以選擇凌晨回到韓國的飛機，也因此小睡幾個小時之後就要上班。在回家的計程車裡，我想著什麼時候要整理行李、何時洗澡以及幾點睡覺，沒想到一到家就在五分鐘內整理好行李。

要送給同事們的紀念品放在玄關，以免上班時忘記。把待洗的衣服分類好放進洗衣機裡，其他旅行路上帶的東西都放回原處。就這樣簡單地完成整理行李之後，我和先生輪流快速洗澡，用吹風機吹乾頭髮，並肩躺在床上——回到家不到半小時就完成了這些事。

在為了上班而匆忙入睡前，我們夫妻都被彼此迅速的行動力嚇到，並哈哈大笑。結束長途旅行，回到日常生活的程序居然如此簡單且輕鬆！我們心中的「簡單生活」價值觀因而更加耀眼。

兩個人只要一個登機箱就足以出發旅行了，收拾行李也因此變得簡潔單純，行李箱不再是旅行的負擔。我們是因為有了輕盈的極簡生活，才有辦法這樣旅行。

過去我在旅行時，事前打包和回家後整理行李箱總是讓我感到很辛苦，所以會盡可能推延。我常常直到旅行前一晚才收行李，甚至曾因此將包包撐破。旅行回來後，我也經常因為不想整理，所以把行李箱丟在房間角落一整個禮拜。

不擁有太多物品，旅行時盡量少帶東西，以及讓所有物品都放在固定位置的習慣都是在實踐極簡生活的過程中養成的。

在招待親朋好友時，我也能感受到極簡生活的力量。每年夏天我都想隨便做家務，因為不想太常開空調，所以盛夏家裡很熱，不論做什麼都很累，因此這時候我們的生活也比較隨便鬆散。儘管如此，夏天來拜訪我們家的人仍會誇讚家裡很乾淨，甚至認為我很努力打掃。

每次聽到這些話，我都忍不住微笑。因為我家的打掃非常簡單，一天十分鐘就能完成。早上起床後整理昨晚洗好並晾乾的碗，接著用無線吸塵器吸地板，再用拖把拖過就完成了。而且夏天太熱，我有時甚至不拖地，但因為家裡東西不多，即使地板稍微髒了一點，也不至於看起來很邋遢。在我做家事漫不經心，有時忍不住懷疑是否有比自己更懶的主婦的季節，來拜訪的朋友們依舊讚嘆怎麼能如此乾淨整齊，並對我的打掃能力豎起大拇指。這種不費吹灰之力也能給人整潔感覺的狀態，當然也是得益於物品少的簡約生活。

不久前，周末邀請朋友來家裡的我因為睡過頭，在朋友到達前三十分鐘才起床。我嚇了一跳，急忙整理好棉被來到客廳，把散亂的東西歸位，並用吸塵器打掃後，轉眼就恢復成平時的整齊狀態，甚至還有製作冰咖啡、悠閒享用的時間，我當時就想：「啊，這樣的生活真好！」

雖然起晚了，還是能順利迎接朋友。朋友回去後，我獨自清洗數量不多的碗，並將洗好的碗豎起來放在水槽裡自然晾乾。看著自己毫無負擔的簡潔樸質生活，心情真的很好。

這就是隨便做家事也沒關係的生活，所有的一切都能輕鬆地整理好並歸位，真想和更多人分享啊。

不是一無所有
就不能招待客人

我剛開始佈置家裡時，一切都力求簡約。從餐具、茶杯、飯碗、湯碗到毛巾、寢具等，所有的生活用品都只準備適合我們兩人的量。

我不僅不多買，連原有的東西都丟棄，父母看到我這麼簡樸不禁擔心：「你怎麼能這樣生活，是在辦家家酒嗎？」多一點家當、寢具和生活備品是媽媽想像中穩定且正常運轉的家該有的樣子，那樣的家要事先為不知道什麼時候會來的客人備好所需的物品。

「我們家是套房啊，臥室和客廳是連在一起的，所以沒辦法邀請客人。」

媽媽聽到我的回答後，不再干涉我家的佈置。

我們新婚後入住的小套房確實不適合招待客人，所以住在那裡的期間，我們從未邀請過任何人。因此，只有兩張椅子、一張床和兩人用的餐具看似不方便，實則才是最方便的，因為這樣只需要定期打掃，不太需要整理。

當時我也曾經想過如果有一天要搬到更大的房子，到時候就得準備更多東西。但是連這種想法也在和先生一起旅行世界一年後，如同紙片般從腦中飛走。

那是在紐西蘭開著露營車旅行一個月的期間發生的事。我們偶然在營地結交的兩位中年愛爾蘭大叔邀請我們到他們的帳篷喝茶。當時我身體疲憊，所以只有先生過去。

先生回來後開心地講述自己的經歷。大叔們用各自帶來的小單人帳篷露營，所以隨身攜帶的東西很少。因此，雖然他們邀請客人到帳篷，但是沒有多餘的杯子讓客人喝茶。結果，先生將親手煮的水倒入大叔們的杯子裡，但是卻連一杯茶都沒喝就回來了。

我聽完這個故事覺得很有趣且豁然開朗。是啊，生活就該是這樣，既然是單獨旅行，就只需要帶自己的杯子。況且，也不是一無所有就不能邀請別人啊！

結束世界旅行回到韓國後，我搬進了兩房公寓，不顧媽媽的勸阻買了三百公升的冰箱，餐具和寢具等依舊是兩人份，和在小套房時一樣。

住進客臥分開的房子後，我們開始邀請朋友來家裡。因為只有兩張椅子，所以招待朋友時，先生必須坐在行李箱上吃飯；湯匙也不夠，只能用之前外帶剩下的免洗餐具。後來覺得這樣不是辦法，所以多買了幾張椅子，平時作為床頭櫃，客人來了就給客人坐。餐桌雖然是雙人用的，但是如果把工作桌拉到客廳和餐桌合併，就會成為又大又寬的桌子，可以邀請更多人。

起初，我擔心客人會不會覺得不太舒服，或是認為我們的生活很奇怪。但是來家裡玩的朋友反而覺得我們的生活樣貌很新奇有趣，也有很多人下定決心回家後要清掉不用的東西。

我因此領悟到不是只有填滿家裡才能過上豐饒的生活，招待客人也不需要太多東西，只需要用心去做。

我沒有因為這樣的家而感到羞愧或抱歉。沒有沙發和電視的家也許讓客人感到不習慣，但那就是我生活的樣子。我認為，自然地與親近的人分享生活樣貌本身就很有意義。

最重要的是，我不需要為了不知什麼時候會來的客人，不顧自己的不便堆積很多東西。雖然為客人著想也很重要，但是最重要的是主人的舒適和幸福，這樣才能讓來訪的客人也感到舒適。

雖然我的喬遷宴沒有好坐的沙發、能打發時間的電視和厲害的裝潢，但是在朋友之間很受讚賞。我依據客人們的喜好買菜做飯，提前烤好蛋糕和餅乾作為甜點，還準備了新鮮的咖啡豆和冰淇淋。獨居的朋友們平時很少吃水果，所以我也準備了許多新鮮的蔬果。

客人來之前，我會比平時更用心打掃，也提前調查住處附近的設施。看到朋友們一起吃我精心料理的美味飯菜，接著吃完甜點、茶和水果，露出滿足的表情說：「再也吃不下了。」我真是感到很自豪又開心啊。

用一個包包旅行，用一台計程車搬家

我的人生榜樣是多明妮克・洛羅（Dominique Loreau），她是世界知名的法國作家，曾寫過《理想的簡單生活》等暢銷書。她簡潔、美麗且優雅的生活方式讓我印象深刻，但是讓我喜歡上她的決定性關鍵是她極其簡樸。

聽說她去旅行時，只會帶一個重量十公斤以下的包包，搬家時僅使用一台計程車，過去一直以來都是帶著出國用大行李箱旅行的我覺得那是無法模仿的，但是仔細思考後，卻覺得沒有比這更輕鬆的生活了。竟然只用一個包包旅行，僅用一輛計程車搬家！如果這樣無負擔的生活成真，我的人生肯定會更加自由。我也因此開始做夢。

「我想把所有東西都放進一個行李箱裡，像旅行一樣輕鬆地生活。」這個夢想在八年後實現了。當時，我帶著一個七公斤的背包和先生旅行世界一年。要知道，我之前在十天的蜜月旅行中就帶了超過二十公斤的行李箱，所以這是很巨大的變化。這與我在世界旅行時遇到的其他旅行者相比，也算是非常簡樸，甚至有許多人好奇地問我：「你真的只帶這個包包旅行世界嗎？」

我的包包是七公斤，先生則是十公斤，僅憑這些就足夠應付所需。我們甚至在旅行途中持續騰出許多不需要的東西，所以背包重量逐漸變輕。我也發現背包越輕，旅行就越豐富精彩。

廉價航空的免費行李重量為七公斤，所以我們的包包重量不只節省了旅費，也讓我們可以選擇走路，而非搭公車或計程車代步。壓在雙肩上的背包越輕，我們就越能走更遠，也看到更多東西。

結束一年的世界旅行回到韓國後，我們仍然過著單純輕鬆的生活，在重新找到工作前，我們在夢想著一輩子一定要住一次的地區，租下了一間樓中樓飯店式公寓。只帶著兩個湯碗、兩個飯碗、兩個盤子、兩套餐具、一套寢具就入住，過了幾個月如旅行般的生活。不只是旅行，而是在日常生活中我們也能這樣輕鬆生活，所以我變得更有自信。

先生就業成功後，我們搬到他的公司附近，當時只租了一輛輕型車就完成搬家，並且在前一天晚上就收拾好所有的行李。聽到我們的行李只用一輛小車就能搬，父親驚訝地表示：「你們又不是新婚，東西真的這麼少嗎？」

物品少並不意味著生活不便。相反地，在充滿空白的房子裡，我每天都有自由輕鬆的感覺，所以我不需要勉強自己多買。

隨著先生對工作的熟悉，我們又搬到了條件更好的房子。自世界旅行後搬到樓中樓，再到現在的兩房公寓，已經搬家三次。在韓國生活久了，我們的東西也不知不覺變多，但是依然是在一天之內就能收好行李，並輕鬆移動的程度。然而，這次在收拾行李時，我還是發現了幾件讓我覺得「沒有這個也可以，為什麼我會買」的東西。

其實，在為家裡添購東西時，我們有時是盲目的。我們無法記得家裡究竟有多少東西，也難以分辨哪些東西是必須且珍貴的。我把家中所有的東西都放到房間中央後嚇了一跳，因此告訴自己應該要減量了。搬家是清東西的最好契機。我們已經感受到輕鬆生活的好處，所以絕對不能放棄，因為不想再被無法承受的重量和負擔壓住，所以需要定期清空。

我們曾經只用一輛輕型車搬家，但是隨著冰箱和桌椅的出現，也到了需要用一噸卡車搬家的程度。雖然往後的生活可能會擁有更多東西，但是我仍希望不要失去輕鬆的感覺。

將書架清空後
卻更想讀書了

以前的我總想著如果有一天有了自己的家，就要在客廳放滿書櫃，打造屬於自己的溫馨書房。

書有時讓我興奮，為我打開新世界；有時則給我安慰，是我人生中不可或缺的重要存在。沒有底線地買書並放到書架上，是我熱烈表達自己喜歡書的方式。有段時間，我的房間塞滿了書架，但是書仍多到佔據床邊和桌子，我似乎是想藉由這種方式向自己證明我是如此熱愛書的人。因為整個房間都堆滿書籍和衣服，所以不管怎麼打掃，總是很快就會蒙上一層灰。

後來雖然決定過著簡約的生活，卻不斷拖延整理書的時間，也一直沒有清理的念頭。到了不得不整理的時刻，我陷入了苦惱之中，擔心如果清掉擁有的書，我讀的書就會減少，也很害怕丟掉後哪一天會想重讀。因為很難一次處理掉所有的書，所以決定慢慢整理，有些書我賣給二手書店，有些則親自賣掉。因為擁有太多書了，所以光是基本的整理就花了很長的時間。

在我考慮要留下哪些書的過程中，也釐清了自己對書的態度。即使已經成為極簡主義者，我也無法停止購買書籍，因為能在圖書館借閱的書有限，所以身為喜歡閱讀的人只能持續買書。然而，由於我多半不會一次閱讀多本書，所以便立下每買入一本書後，讀完就處理掉的原則。

專注於這個規則後，處理書就容易多了。買書是為了閱讀，如果讀完覺得往後應該不會想再讀，那就沒有必要留著。專注在閱讀的本質後，我了解自己已經透過閱讀達到了購買書籍的目的，所以不覺得自己浪費了書錢。懷著激動的心情挑選書，並以興奮的心情閱讀，把想記住的句子寫在筆記本上，我認為這樣就已經充分獲得這本書帶來的價值和喜悅。我也不再繼續留著不會想馬上讀，但因為是他人送的禮物，所以捨不得丟掉，並想著「總有一天」會讀的褪色書。

就這樣，我放棄了想要擁有書籍的執著，也放下了想透過書來定義自己的想法。現在的我想要的是如果有想讀的書，就能隨時閱讀的環境。所以有時我會突然去書店，或是一大早跑到圖書館。有了想閱讀的興致，所以一刻都不想等地拿起書籍的興奮，以及每次拿到書翻頁的當下，既高興又可惜書要看完的心情，沒有體驗過的人是不會了解的。

隨著我擁有的圖書減少，我想讀的書反而增加了，閱讀時間也變多。我的書架上雖然只有幾本書，但都是讓人想一讀再讀的珍愛之書，這些書也總讓我感到興奮，時不時就會想打開來看。

昨天晚上在網路上瀏覽時，想看的兩本書正好顯示為「可以借閱」，所以我一大早就去圖書館，就為了把兩本書借回家。以前去圖書館會貪心地抱回可借閱數量上限的書，但是卻一次也沒能在兩周內讀完，反而因為太多書而提不起勁，常常連一本都沒讀完就還書了。現在的我只選擇很想讀的書，在規定的時間內讀完，這種喜悅比借很多書來得多。

就像衣櫃裡有很多衣服時，我總是抱怨沒有衣服可穿一樣，也如同我把衣服都扔掉，只準備必要的衣服後就能更愉快地穿搭，現在的我也因為處理掉有著「應該讀」這種沉重義務感的書，所以能用輕鬆愉快的心情閱讀。因為清空了書，我反而更想閱讀了。

忠於目的的空間

我們的臥室只有床。房間中央孤零零地放了一張鋪著毯子的床，除了晚上睡覺時使用的攜帶式無線燈之外，什麼都沒有。連燈都不是只放在臥室，而是拿著在家裡到處用的物品，所以也很難說是臥室裡的東西。

由於臥室空空如也，所以每次朋友來玩時都會建議我們要放一個投影機，他們認為如果把臥室弄得像電影院，每天晚上都能看電影該多好！因為很常聽到這樣的話，所以我的心不免動搖，並開始回想在SNS上看到有人在露營車上用投影機看電影，或者把臥室打造成溫馨電影院的「感性」照片。

我想著要趁此機會把窗簾換成白色，寢具也換成與之匹配的可愛圖案，再買一個好的投影機。我們家沒有電視，似乎很適合用投影機代替。我越想越覺得這是明智的消費，並拿起手機開始搜尋投影機。我一邊比價，一邊仔細閱讀評價，對於將家裡打造成像電影院的計畫，我感到非常興奮。

我抓住下班的先生開心地說明如何把臥室變成電影院，並讓他看幾個我挑選的投影機。靜靜坐著聽我說完的先生這樣說道：

「要在我們的臥室這麼做嗎？我覺得生活中最重要的是高品質的睡眠，所以我們的臥室才會什麼都沒放。」

先生說得對！住在套房時，有時我們的作息不同，所以先睡的人往往會被打擾。因此，搬到兩房公寓後，我決定將臥室獨立出來。這點不需要溝通，因為這是我們都同意的措施。只有床的臥室營造出適合睡覺的環境。在只有睡覺時才會進入的臥室中，我們總是能睡得很熟，所以很滿意這樣的臥室。

於是我沒有多做爭辯就放棄了投影機。其實，比起家庭劇院裡用投影機投射的小畫面，我們更喜歡透過電影院的大螢幕和大型喇叭享受聲光震撼。我猜想剛買下投影機時應該會看幾次電影，也會拍下漂亮的照片上傳至SNS，但是新鮮感變淡之後，投影機肯定會在角落積灰塵，也很有可能被放到二手市場出售，或者淪為室內裝飾品，只有朋友來時才會偶爾用來轉換氣氛。

這樣一想之後，我很快就得出「不要購買」的結論。但是身陷其中時，我往往會產生必須立刻購買該物品的急躁感，並且以為只要有這個東西，我的生活就會變得更加方便且精彩。

我們家的每個房間都忠於各自的目的。臥室裡只有床，所以可以好好睡覺；工作室裡只有桌椅，讓我得以專心工作；客廳裡只有躺椅，很適合休息。我們家的空間和其目的都簡單明瞭，生活也因此變得單純。我希望自己不要再忘記這個原則。

在紐西蘭開露營車旅行學到的東西

正式開始和先生住在一起過新婚生活後，每次周末結束我總會感到負擔，因為身為家庭主婦，我必須負責為辛苦輪班工作的先生準備飯菜。主菜是必須的，小菜也得準備兩三道才能營養均衡，每餐也一定要配湯。本來就不擅長料理的我對於必須頻繁做飯感到很有壓力，也因為強迫自己一定要準備得豐盛美味的完美主義性格，所以我待在廚房的時間越來越久。

改變我的契機，是在世界旅行途中停留一個月的紐西蘭露營車生活。在旅遊旺季即將到來之際抵達紐西蘭的我們，因為預算限制無法租到一應俱全的露營車，只租到在後車廂有簡單洗滌槽的小貨車。

我們在露營時每天都很忙碌，因為要不斷準備吃飯和整理。吃完早餐就洗碗，洗完碗不久就得準備午餐，整理好午餐的碗筷後就到了準備晚餐的時間……無限反覆的日常生活在露營車旅行中也沒有什麼變化，反而因為要在野外做飯，所以必須花多一倍的時間。這導致我們每天都沒有什麼時間閒逛或看日落，只能在吃飯、洗碗和洗澡後就睡覺中不斷重複。

奇怪的是，周圍的其他露營族和每天花大部分時間在料理和整理上的我們不同，總是很悠閒。他們經常散步或坐在椅子上打牌或睡午覺。看著他們一邊喝啤酒，一邊欣賞令人陶醉的日落，在旁邊忙碌整理和料理飯菜的我們顯得很異常。

我從那天起開始留心觀察這些朋友，並領悟到露營旅行中最重要的是簡單！他們並非因為開更豪華的露營車，或是有很多方便的用品才如此悠閒，而是因為排除、省略和放下許多日常生活中我們認為必要的東西。

他們的早餐大多是麥片、水果、塗果醬或簡單放上蔬菜的麵包，午餐和晚餐則做義大利麵、烤香腸、炒蔬菜等簡單的料理。這些食物做起來非常容易，所以也能輕鬆收拾。

他們偶爾不洗澡，只用一個小臉盆裝水洗臉和刷牙，洗完後再加點水順手洗衣服和為數不多的碗。在乾淨的水稀少的露營地，看到用一個小盆子和一瓶水解決一切的樣子，我打從心底感到佩服。他們的生活模式真的非常單純且自由。

我決定要跟隨他們這樣的露營生活。最令我擔心的是洗澡，對每天都要洗澡的我來說，三天不洗澡是很大的「放下」。嘗試後卻發現，即使三天不洗澡，也不會發生什麼事。放下是最難的，放下後一切都很順利。我們早上吃水果，中午吃夾著番茄、黃瓜、生菜和乳酪的三明治或塗上果醬的麵包，晚上則簡單炒飯來吃。

隨著飲食變單純，剛開始每天都因為忙碌而疲勞的我們時間開始多了起來。我們在露營地最好的位置放上摺疊椅，閉著眼睛聽不斷拍打的波濤聲。有時則欣賞日落、抽空寫日記，或和其他露營者一起聊天。簡樸的飲食生活給了我們悠閒，也因此得以享受露營車旅行的樂趣。

看著不抱怨缺乏、總是滿足於自己擁有的東西，並盡情享受閒暇時間的露營者們，我領悟何謂單純的生活，以及為何擁有的東西越少就越自由。在紐西蘭之後的世界旅行中，我們開始只吃一餐，或享受每餐只有一兩道菜。因為我們已經知道不吃太多的生活有多輕鬆，所以不想回到從前。旅行結束回到韓國後，我們的餐桌依然非常簡樸，再也不區分主菜和小菜，有時只在炒魷魚上放上芝麻葉就吃，有時則只用鯷魚炒蛋配飯。

雖然偶爾會有多做幾道菜來吃的想法，但是每當這時，我們都會想起紐西蘭的露營者們簡單吃完飯，邊喝啤酒邊享受晚霞的樣子。簡單的飯菜能讓我們有更多閒暇、輕鬆和自由。我在心裡重複著作家海倫·聶爾寧（Helen Nearing）的話：

「吃飯要簡單再簡單，用言語難以形容的簡單來準備就好。我們能用從那裡節省的時間和精力來寫詩、享受音樂、做針線活、與大自然對話、打網球或和朋友見面。」

我們的時間、空間和餐桌都需要再多一點的空白。

PART 3

簡單且輕鬆
生活

存摺上開始有錢了

我存摺裡的錢越來越多，奇怪的是我的收入並未特別增加，也沒費盡心思節約。仍然吃著自己想吃的食物，買想買的東西，做自己想做的事，過著比過去任何時候都滿意的消費生活。

儘管如此，我的存摺餘額仍然每個月增加。我仔細思考原因，發現唯一改變的就是我花錢的方式。

實踐極簡生活後，我們花錢的方式不知不覺也變得非常簡單。簡約的消費讓我們家計簿上的現金流一覽無遺，也讓我們存下更多錢。消費簡約不是為了錢，而是以輕鬆生活為目標，事實上這也是最節約的方法。

因為我喜歡一眼就能看清楚收支的單純家計簿，所以放棄無法輕易在腦中描繪金錢流向的不必要信用卡。為了使用先生公司的福利點數、必須辦理的信用卡，以及固定支出專用的信用卡是我們家唯二的兩張卡。平時我只用一張簽帳卡和現金消費。使用信用卡時，我不會預支未來的錢，所以隨時都能過著符合分寸的生活。僅是不使用信用卡，家計簿就不會出現負成長。

只以省錢為目標的節約並不特別，節約是存錢非常有效的方法，但是極端的節約需要比想像中更多能量和時間，感覺就像吸血鬼，為了節省一點錢，卻浪費了比錢更寶貴的精力。

搭計程車只需十分鐘的車程卻坐公車繞路花了四十分鐘，或是為了便宜一千韓元浪費一小時搜尋最低價，在這個最低時薪將近一萬韓元的時代，這真的稱得上是有意義的節約嗎？

我喜歡省錢，但是我不再使用浪費很多時間的應用程式優惠、累積積分的各種會員優惠和會員卡，以及可以打折的信用卡等。

因為這些都是為了節省小錢，卻讓人消費更多的東西。為了使用應用程式優惠，我必須交出寶貴的個人資訊；為了累積積分，需要持續支出一定金額；為了獲得信用卡折扣，每個月都要刷規定的金額。

這些為了省錢所做的行為最終都使消費變得更多且更複雜。從「節約」的角度來看，為了百分之一的積分或百分之二十的折扣而消費更多，真的能達到節約的效果嗎？

* 為了省運費買更多
* 在優惠結束前衝動購物
* 怕斷貨而囤貨
* 因為大容量更便宜所以購入
* 因為買十個比買五個更划算，所以買超出所需

用上述方式購物的我只是想貪便宜，並且多省點錢而已。但是仔細想想，

這種購物方式真的有省到錢嗎？

因為貪圖便宜，買著買著家裡不知不覺就塞滿了東西，零碎的東西買一大堆其實浪費了不少錢，儘管我努力賺錢且精打細算，但奇怪的是每到月底，帳戶仍沒剩下多少錢……我那麼努力尋找最低價，還仔細分析積分和打折優惠，為什麼錢包還會變得這麼輕呢？

我現在已經脫離了惡性循環的消費軌道，並意識到過去的自己被「越多越好，越便宜越好」的話術騙了。

比起購買大量商品，少量購買的價格更貴，所以買得少總讓我覺得吃虧。然而，現在的我領悟到即使少量較貴，只要購買必要的量，在期限前用完才是最省錢的。這個道理只要回想一下被遺忘或因為厭倦而放在冰箱的大量水果，就能理解，它們往往放到壞了而無法再吃，最終只能丟掉。如果只買適量的水果，就可以吃到最新鮮美味的，也不會出現需要丟棄的食材，這才稱得上是節省。

以前的我雖然努力尋找最低價，但是往往因為不想付三千韓元的運費，所以用更多物品填滿購物車。為了節省幾千塊韓元，卻又多花了一萬韓元。與其這樣，還不如搜尋想買的東西，選擇排行榜前幾名中評價不錯且價格便宜的，並付三千韓元運費，在五分鐘內簡單結束購物。為了尋找最低價，我往往不斷瀏覽網頁，度過沒有營養的好幾個小時，還不如坐在餐桌前喝杯咖啡，讀本周末從圖書館借來的書更有價值。

我為了比錢更珍貴的時間和精力花更多錢，但是原本不容易減少的消費反而自然而然降低了。我將透過簡單的購物節省的寶貴時間和能量，用在自己想做的事上面，這麼做所存下的錢卻比我把錢放在第一位，無條件節省的時期還要多。

最近，我隨身只帶小且輕的錢包，裡面僅有一張簽帳卡、一點現金、身分證和借書證，而不是被各種積分卡、盲目使用的信用卡和一堆無用名片塞滿的胖錢包。

只買必要的東西，不花太多時間的節約，以及閉上眼睛就能描繪出所有收支的簡單家計簿和帳戶，這種單純的金錢管理使我不費吹灰之力就讓存摺裡多了更多錢。

浪費和愉快的消費之間

某天得跑兩趟醫院，為了打發中間的空檔並用掉快到期的優惠券去了咖啡廳。通常我只會喝杯咖啡，但是那天蛋糕特別吸引人。因為肚子不是很餓，我不知道能不能吃完，所以稍微猶豫了一下，但是仍然無法放下蛋糕，最後還是點了。

不出所料，我吃不完，但是因為捨不得，所以請店家用一次性包裝盒打包。原本認為喝杯咖啡就夠了，卻因為無謂的慾望點了蛋糕，除了浪費更多錢，還很不環保地用了一次性包裝，我的身體甚至也因為吃甜食而受害。這一切的害處都是出於我的慾望。

同一天，我在回家的路上和先生買了情侶室內鞋。我們的住處是新大樓，還有很多空屋，所以即使打開暖氣也沒辦法很暖和，地板尤其冰冷，讓人感覺很不舒服。為了抵禦地面的寒氣，三周前就想著要買雙室內鞋。

我們考慮了很久是不是真的需要，並慎重地選購，所以非常滿意這雙鞋。穿上之後，我們不再被地上的寒氣困擾，也因此能將暖氣溫度稍微調低一點。沒有多加思考就點了的蛋糕是讓我「心情不好」的消費，室內鞋則是每次穿的時候都會讓我「心情變好」的消費。如果說蛋糕是浪費，那麼室內鞋就是有價值的愉快消費。

這不是便宜或貴的問題，而是「需要」和「不需要」的差異，也是有無價值的差異。如果每次消費前都能慎重考慮自己是否真的需要，就可以進行更明智的消費。我們沒有必要評斷別人的消費是否浪費，因為對某人來說是浪費的消費，對另一個人來說卻可能是當天最有價值的消費。

每個人需要的東西都不同，如果我是在壓力很大的某天吃巧克力蛋糕，那麼能緩解壓力的那塊蛋糕就是好的消費。但是那天我其實已經吃飽了，所以多點的那塊蛋糕變成只是提供不必要熱量的浪費。

購買所有的東西之前慎重地問自己，只要遵守這一點，我們就能不受日常刺激的誘惑，拿回消費的主導權。

在午後的陽光下充分享受陽光並閱讀、和愛人對視並親密對話、擦著額頭上的汗水，為了達成今天的運動量在社區公園跑步……這些也都是做再多都不讓人覺得浪費的愉快時光。

節制的優雅

不久前，我家附近的超市舉行了大型促銷活動，大部分的餅乾都以半價出售。如果是平時，我應該連看都不會看一眼就直接經過，但是那天我卻突然像著了魔般走近活動櫃台，並開始裝餅乾。為了湊齊「買一送一」和「買二送一」的優惠條件，我用大袋子裝滿了餅乾。

家裡難得堆滿了點心，我本以為甜蜜的幸福會湧上心頭，但是我想吃餅乾的慾望一下子就消失了。家中連一包餅乾都沒有時，我每天都想吃餅乾，現在一想到隨時都可以吃，反而就沒那麼想吃了。只買一包餅乾的時候，吃起來是那麼好吃，但是家裡堆滿餅乾後，反而覺得餅乾的味道很普通。我本以為餅乾越多會越幸福，但是幸福感卻一下子就消失了。

仔細思考原因，發現我吃餅乾時感受到的幸福來自於「缺乏」，因為我知道餅乾不是對身體有益的食物，所以在購買時總是和自己約定：「只吃最想吃的，並且只能吃一包。」因此從挑選並買下餅乾、回家打開餅乾袋、把餅乾放進嘴裡的整個過程都讓我興奮又幸福。

反觀買下許多零食的那天，我在過度的物質富足中反而沒那麼幸福，所以我領悟到過度的富足可能不如適當的缺乏，合適的節制和節約反而才能讓我感到幸福。這個簡單的道理並不局限於餅乾。

八分飽時放下湯匙、輕度疲勞時休息、用合適的興奮調整心情、在外面感受到適量的快樂後就回家為明天做準備，這些節制的行為都能讓我們的生活變得悠閒且優雅。

還有一個優點，只要養成適當節制的習慣，我們的財務狀況就會變得更健康。只要能準確掌握自己的收入、了解自己的分寸，謀求適當的消費和支出，我們的存摺就會自然留下多餘的錢，手中的錢變多時，想買的東西反而會變少，因為我覺得自己已經有足夠的錢買那些東西了，那麼相關的物慾和購買慾就會降低。節制催生心靈的富饒，心靈的富饒產生節制。

夏天穿短袖，冬天穿長袖，每個季節都只買幾件相同設計和顏色的T恤，每天都穿同樣衣服的先生幾乎沒有想要的東西，他不是從一開始就這麼沒有物慾。從前的他認為包包貴的才是好的，手錶和皮鞋也總是想買貴一點的，他認為東西會貴必然有其道理，所以只買又貴又好的東西。

過去的我也是一樣，我最渴望名牌的時期是大學和剛步入社會的時候。當時手裡沒多少錢，反而想擁有昂貴的東西，那時的我即使想買，也常常因為沒錢而感到著急和難過。

現在不同了，不知不覺我們已經三十多歲，收入日益增加，相反地，支出卻逐年減少，所以資產也隨之增加。看到不斷增加的資產，先生和我也自然而然沒有了物慾，因為我們想買的時候，隨時都可以買，所以沒有必要現在馬上買。

喜歡在咖啡廳喝咖啡的我，在新冠疫情爆發前經常去坐坐，所以在現在這樣不容易外出的日子裡，能在咖啡廳度過的時間變得更加珍貴。

我不再有「隨時都能去咖啡廳」的想法，尤其是和先生一起在咖啡廳裡喝咖啡變得很困難。現在即使不是喝咖啡，只要是一起喝杯什麼，我都希望是一次特別的體驗，所以在挑選店家時也經過深思熟慮，也因此現在我總是能藉由和先生一起品嘗特別的咖啡來度過特別的時光。如果每天和先生去咖啡廳喝咖啡仍是稀鬆平常，那麼我們一起度過的咖啡時間也許不會那麼讓我感到新鮮或快樂。

看著仍然堆在小儲藏櫃裡的餅乾，我下定決心今後不再因為打折而買一堆，即使價格比較貴，我也要在想吃的時候才買，因為那是吃起來最好吃的方法。

不知不覺達成零廢棄

由於長期少買、少用東西，所以自然對過度消費引發的環境問題感興趣。盡量不要製造垃圾的零廢棄理念相當符合我的嚮往，因此我開始關注零廢棄。

起初，我拚命減少塑膠垃圾，歡迎並讚揚紙質或布袋包裝，而非塑膠包裝。買東西時，我不僅注重包裝，也在意成分。在得知衣服中也含有相當多塑膠後，我四處尋找沒有塑膠成分的衣服。

問題是，我在此過程中經歷了無數困難。例如，如果我想購買不含塑膠的衣服，那麼能買的範圍就縮小到只剩棉、毛、絲綢等天然材質，但是這些材質也存在問題。棉花在大量種植的過程中造成了巨大的環境汙染，毛皮則由於工廠化的飼養而有虐待動物的問題，在這些標準下，我發現自己沒有可以穿的衣服。

咖啡也一樣，為了不浪費外帶紙杯而買咖啡機回家，但是機器零件都是塑膠的。咖啡豆呢？生產咖啡豆不僅破壞大量森林，還引發勞動剝削問題，另外在咖啡豆進口的過程中，碳足跡也不容忽視。

在無數次面臨兩難後，我開始思考，到底該怎麼做才是為了環境好？我似乎無法完全擺脫塑膠生活，不，更準確地說，雖然我剛開始不相信自己無法過著完全無害環境的生活，但是現實卻讓我不得不相信。

在仔細分析所有讓我進退維谷的衝突、原因以及信念後，終於找到可以妥協的物品和服務，但是非常貴。當然啦，因為這些都是符合勞動和環境權的合理價格，然而，這些也不是完美的選擇。無論我抱著什麼信念做出選擇，我的所有選擇仍伴隨著矛盾。

我不能只是減少表面上的垃圾，用紙袋或布袋代替塑膠袋固然重要，但是還有比這更重要的。那就是只購買需要的食材，不隨意丟棄，全部吃完後再買，以及只買必要的物品，用到壞掉為止的決心和消費習慣。

想到這裡，我內疚且不舒服的心情稍微平靜了一些。雖然我的生活仍會留下無數有害地球的腳印，但是我還是可以將其「最小化」。我下定決心至少選擇比較無害的東西，並且過著不浪費的生活。

比起拿著布袋買下過多的食材，全部放在冰箱裡腐爛或變質後扔掉，我寧願買用塑膠包裝的少量必要食材，並且全部吃完。另外，我也把塑膠袋當作珍貴的資源重複使用。這種心態才是真正的零廢棄。

雖然吃飯時，有時會覺得量有點少，但是我堅持把冰箱清空，直到沒有東西吃為止才能再買菜。以前的我總是選擇吃多一點，所以往往吃太飽，現在則是選擇少吃。其實吃八分飽才更能感受到料理的美味，肚子也更舒服。

當我感覺有點不足時，不一定非要加點什麼，即使有點不足，我也會覺得沒關係，這樣就夠了。我養成比起「過多」，更傾向選擇「有些不足」的習慣。有了這個習慣後，我成為不論何時何地都能滿足的人。

今天袖子的鈕扣啪地掉到地板上。雖然這是一件合成纖維製作的洋裝，但是我維持得很乾淨，也穿了很久。我慎重選擇必要的東西，一旦購入就不輕易扔掉，並且長久使用。不論食物、水、電、時間、金錢、精力、人際關係等，我都決心好好珍惜，不隨意浪費，這就是對我的身體、家庭和環境都有益的美好生活。

你何時才會壞掉？

幾年前去世界旅行時，我們把大部分家電以低廉的價格轉讓給下一位租客。當時只有電鍋沒被選中，正好媽媽說要用，叫我帶回家，因而倖免被扔掉。然而，我們這台電鍋做出來的飯不好吃，所以在媽媽家成了受氣包，很快就被冷落在陽台櫃子的角落。

回到韓國後，我把交給媽媽的電鍋拿回來，剛開始只想著要使用到買新的電鍋為止，但不知怎麼的，雖然搬了兩次家，我們仍然繼續使用它，偶爾做飯的時候會有點漏氣，但還是沒有扔掉。雖然沒那麼好用，它還是能完成做飯的任務，做出來的飯也還算合我們的口味，況且我對要扔掉看起來還完好無損的東西感到內疚。

老實說，我一直希望這個電鍋壞掉。土氣的紅色而且還會漏氣的電鍋實在讓人很難喜歡，我常常瞪著鍋子想：「你什麼時候會壞掉呢？當你完全壞掉，我就能毫無愧疚感地丟棄，去買設計漂亮的新品。」

就這樣過了七年，電鍋越來越常漏氣，我常常在漏氣的電鍋旁邊搜尋漂亮的新款壓力電鍋。

某天，我向來家裡玩的朋友抱怨電鍋時，朋友說：「這種程度應該能修好。」並叫我查查看售後服務。正好住處附近有售後服務中心，我去問了之後發現只要更換橡膠密封墊圈就可以了，店員表示我們維護得不錯，所以今後還能使用好幾年。雖然沒能買新的漂亮電鍋有些遺憾，但是能再多用這個傢伙好幾年，我也非常開心。

我們花了三萬四千韓元更換橡膠密封墊，把磨損的橡膠墊圈全部去除，穿上新的橡膠密封墊後，鍋子變得堅固多了。我回家洗了電鍋，將每個角落都擦得閃閃發亮，頓時變得就像新的一樣。我也學到了當電鍋漏氣時，只要更換橡膠密封墊就可以的新生活技巧。

辛苦一點就能省錢，使寶貴的資源得以長久使用，並藉此為環境盡一份心力。經過這件事，我才發現過去的自己買東西有多肆無忌憚，東西壞掉時，比起修理，我先想到的居然是買新的。

小時候，我們家東西壞掉時，父母理所當然地認為應該要先修理，直到服務中心員工表示修理比買新的更花錢時才會買新品。但是現在這個時代的情況如何呢？多數人都認為東西壞掉時，扔掉並買新的是理所當然的。

這個時代用便宜的塑膠零件替代了雖然貴但是可以用一輩子的不鏽鋼零件，所以便宜的物品變多了。然而，塑膠零件用不到幾年就會破舊不堪。生產者們明明能製作出可以使用一輩子的堅固零件和產品，但是他們卻不這麼做，因為消費者和生產者都更偏好棄舊買新。

認知到這個事實後，我想盡可能省著用、修理、共享並珍惜，同時養成購買物品時不只考慮價格，還要仔細思考可以用多久以及該如何得到售後服務等注重持久性的習慣。

某天我拜訪婆婆，陪她走進鞋子的賣場，她把購物袋遞給賣場員工後這麼說：「我想請你們幫我修鞋子。」

我當時嚇了一跳，我從未想過要修補鞋子，也不知道這是可行的。看著婆婆不亂丟也不浪費東西，而是選擇先修理的生活習慣，我學到很多。

那不是窮酸，而是優雅美麗的生活方式。有售後服務的物品比我想像中要多，我發現不僅是鞋子，羽絨衣或洋裝等服裝，以及小型家電等在損壞或故障時，只要問問該品牌的業者，大部分都可以得到售後服務。花一點功夫，東西就能用得更久。

養成節約的習慣並不難，珍惜自己擁有的東西，經常擦拭、保養，並好好管理，故障就修理，破了小洞就自行縫補，讓物品保持良好的狀態並能使用更久就是節約。

我非常感謝即使過了七年，依然好好地每天幫我們做飯的電鍋，也決心要定期做好保養，讓它能維持像新的一樣並長久使用。

挑戰沒有空調的生活

從二〇一八年起，我每年都會進行沒有空調的生存挑戰。我過去每年都在挑戰，今後也將如此。獨自進行的挑戰賽中有許多掙扎，哪怕只有一天，甚至一小時，我也要少開空調。

首次挑戰的二〇一八年慘遭失敗，二〇一九年則完美成功。二〇一九年的夏天我人在倫敦，聽說英國的夏天是歐洲國家中最涼爽的，所以我打算在倫敦度過整整一個月。偏偏那年歐洲的夏天非常熱，大家都說這是全球氣候異常所致。

在倫敦逗留的期間，我很少看到空調，當時的Airbnb民宿裡也沒有，甚至很難找到有空調的餐廳或咖啡廳。當然，地鐵裡也沒有。雖然我當時迫切需要空調，卻身處空調有限的地方，所以那年夏天算是成功完成了沒有空調的生存挑戰。沒有空調的夏天，感覺快要死掉了，但是我沒死，而是活了下來，也許是因為在倫敦經歷過酷暑，之後的無空調挑戰似乎容易多了。

幾年前，我只要稍微覺得熱，馬上就會開空調，但是現在已經養成了再思考一下的習慣。

此外，我每年都在開發除了空調以外的抗夏對策。我使用過的方法中最有用的是冰袋。偶爾上網訂購食材就會收到保冷劑，我沒有扔掉，而是放在冷凍庫，作為專屬自己的個人空調。

感到熱時，我就會拿出冷凍的保冷劑夾在腋下，或放在頭頂或脖子後面，如此一來馬上就會感到涼快。腋下、脖子和膝蓋後面是體溫下降較快的部位，所以效果最好。如果直接使用保冷劑，冰塊容易融化，表面會產生水，所以最好用小毛巾捲起來。坐在椅上子時，我會把保冷劑放在腳底下，躺著時則把保冷劑放在膝蓋或脖子後面。這時再打開電風扇，瞬間會覺得自己像在天堂！就這樣，我每天使用幾次保冷劑，所以幾乎不需要開空調。

家裡沒有礙手礙腳的大型家具或物品也是打造不熱房子的關鍵。在有風的日子裡，打開所有房間和客廳的窗戶，只要沒有任何擋風的家具，就可以感覺到風從四面八方吹入家中。像這樣的日子，只要有電風扇和保冷劑，就幾乎不會想到空調。

我跟弟弟說我今天也沒開空調，他卻說最近即使開一整天也不需要多少錢，所以不必太擔心。我並不是為了省錢才不開空調，而是看著氣候變遷一年比一年嚴重，所以才不開空調。雖然環境不可能單靠我一個人的努力突然變好，但是什麼都不做盲目地開空調，我心裡會很不舒服，所以選擇了身體有點不舒服，但是心理會很舒服的方法。

每年夏天少用空調，並且記錄下這份心意，如果其他人看到這個記錄後也決定參與行動，哪怕只有一個人，我的努力也不會是完全沒意義。

在酷暑中，偶爾也會颳起神奇涼爽的風，感覺就像是希望大家不要在炎熱的夏天中暑。下雨後溫度大幅降低的感覺，成大字形躺在地板上感受冰涼的感覺也都很不錯。由於少用空調，我在夏天時擁有了更豐富多彩的體驗。

據說從下周開始將迎來史無前例的酷暑，我有點擔心，但是決心要再好好堅持一下，反正夏天終會過去，當忍受到極限時，秋天就來了。

四季三十件衣服

「衣櫃裡裝滿了衣服，但是實際上卻沒有可穿的衣服。」我對這個「哭笑不得」的情況深有同感地笑了。比起思考為什麼，「並不是只有我這樣」的事實讓我感到安慰。

獨居的時候，我房間的某面牆掛滿了衣服，不論如何打掃，房間裡常常因為過多的衣服而沾滿灰塵。多次搬家後，我留下的衣服剩下一百多件，但是想要搬進九坪的新婚套房，衣服還是太多了，因此不得不下定決心扔掉其中一半。

在整理衣服時，發現有許多好幾年都沒穿過，甚至讓我懷疑自己居然會購買的陌生服裝。有些衣服則是因為很貴，或有珍貴的回憶，捨不得扔掉，總是想著：「雖然沾了汙漬，但已經陪伴我很久，只要稍微修補一下應該還可以穿。」因為種種理由，我帶在身邊的衣服仍然很多。

我最先清空的就是這些衣服。下定決心丟掉因為無數理由而不再穿的衣服後，我的衣服剩下六十件。依據季節之分，我將一半掛在衣架上，其餘收在箱子裡。

但是這六十件衣服中，也只有幾件是比較常穿的，所以我決定再整理一次。我之前為什麼一直囤積著不穿的衣服呢？似乎是為了想要每天都有不同的打扮，並且根據每年的流行換穿新衣，讓別人覺得我看起來很時尚。

承認了這種心情後，整理衣櫃變得容易多了。我原本以為每天穿差不多的衣服，別人會閒言閒語，但是沒有人發現這一點。雖然我每天見的不是同一個人，但是他人比原本想像中更不關注我的穿著。巨大的衝擊和感悟隨之而來，也因此我有了處理衣服的標準。

「只留下我真心喜歡，讓我每天都想穿的心動衣服。」

我以此為標準，透過觸摸和試穿，毫不留情地丟掉了許多衣服，就這樣留下一年四季共三十件。第一次看到衣櫃有了留白空間，像高級精品店一樣整齊地掛著我喜歡的衣服。

因為都是珍惜的衣服，我統一換成原木衣架，擴大衣服之間的間隔，使空氣流通。衣服穿過一次後，我會撣掉灰塵，洗乾淨並晾乾後掛在衣櫃裡。當我不再隨意穿，而是精心管理時，我的穿著也呈現出不同的樣貌。

有了以「怦然心動」為標準的處理原則後，我領悟到衣服也有有效期限。衣服、鞋子、飾品等適合我並能好好使用的時間是有限的。幾年之後，這份穿上後激動的心情會慢慢消失，即使不丟棄，它們也會失去原本的價值。我也因此意識到自己的喜好隨時都有可能改變。

我費心管理，不讓衣櫃裡的衣服多於三十件。太多件衣服保養起來太費勁了，所以我用有限的衣服做好穿搭，即使只買一件衣服也慎重考慮。買之前我會問自己：「我有辦法連續穿這件衣服一個月嗎？」能爽快回答「Yes」的衣服我才會買。過去我盲目地購買乍看之下不錯的衣服，價格越便宜我越興奮，也買越多。結果常常失敗，很多衣服穿沒幾次就壞掉或覺得膩，但是扔掉這些衣服又讓我覺得有罪惡感，所以衣櫃才會因為這些不穿的衣服而總是處在飽和的狀態。

現在，即使貴，我也會選擇穿起來適合我的衣服，因為最重要的是購買能讓自己心情變好的衣服。我只擁有與衣架數相當的衣服，如果沒有能掛新衣服的空衣架，我就不會買。

衣服數量減少後，每次換季整理衣櫃變得非常簡單，甚至不需要整理，我只是把掛在衣架上的衣服，以及放在箱子裡的衣服交換位置而已。即使悠哉地做，也能在十分鐘內完成。以前衣服多到爆的時候，每次換季都要下很大的決心，花一整個周末才能完成，現在卻可以很悠閒地慢慢來，也很快就整理完了。

今天早上，我感覺到夏天過去，秋天來了，於是在吃早餐前花了點時間整理了一下衣服。幾天前，先生說要買洋裝給我當禮物，所以我一有空就認真挑選要買什麼，但是整理衣櫃後，想要買衣服的心情就消失了，因為我發現每個種類都已經有想要的衣服了。

我把疊得整整齊齊的衣服從箱子裡拿出來掛在衣架上，心情頓時激動起來，因為我想快點穿出去。我不想再買新衣服，因為衣櫃裡已經掛滿我想穿的衣服了。

我的人生再也沒有「綁約」

剛搬進新家不久，我就在思考Wi-Fi該怎麼辦。我們四處打聽，想盡量少花點錢，但是經過幾天的搜尋後得出的結論卻是「太複雜了」。

這個世界上有很多讓人無法完全理解的網路方案，全家統一用同一間通訊公司可以打折，結合電視可以打折，辦信用卡也可以打折。越便宜花招越多，但是我只想要單純的無線網路服務。

我懷著鬱悶的心情詢問大樓管理室，幸好管理室有合作的網路服務，不用綁約，安裝費為兩萬七千韓元，每個月費用為一萬五千韓元。正當我還在考慮這是不是最佳方案的時候，意外在電梯遇到了救世主，那是一張廣告傳單。

「上網只要七千七百韓元。」

我高興得馬上打電話詢問，本以為能順利加入，沒想到總公司已經喊停這項七千七百韓元的方案，無法再申請了。我很驚訝這樣為何還要貼傳單，他們表示單純使用網路費用是三萬韓元，如果結合電視，只要一萬四千三百韓元。雖然我們家沒有電視，但是因為結合電視的方案更便宜，所以申請了後者，進行了當時認為比較明智的消費。

師傅第二天早上就來了，並順利完成無線網路安裝，但是問題隨之發生，因為我們家沒有電視，所以師傅必須在空蕩蕩的牆壁插座上安裝機上盒。另外，由於綁約一年，所以如果在此之前解約，就要支付數十萬韓元的違約金，但是我之前打電話詢問時他們並未說明這件事。我問師傅如果一年後想解約該怎麼辦，他表示解約前一個月要打電話給客服中心提出要求。還有，雖然申請加入的服務費是一百韓元，但是一個月後要支付每個月五千四百韓元的收費服務，所以這部分也必須申請解除。此外，用戶將自動被加入總公司營運的購物中心，我們可以自行選擇是否在該中心消費，這項服務不用花錢。

已經安裝完成，穿好鞋子準備離開的師傅遲遲走不出玄關，因為我接連不斷地詢問各種複雜的服務和程序。

我被這些複雜的東西嚇了一大跳。我中了網路七千七百韓元的廉價傳單誘餌，實際情況卻與我想要的方向大不同。原本我只要多花七百韓元就可以透過管理室使用隨時可以自由加入並解約的無綁約無線網路，到底為何選擇要綁約一年、解約麻煩的網路服務，還要被不必要的機上盒侵佔空間並多花電費，同時自動被加入原本沒同意的收費服務和網路購物中心？

綁約無論如何都是麻煩的。雖然透過約定在一定時間內持續使用，消費者可以用更便宜的價格使用商品和服務，但是卻很難在中途變心後中斷。因為知道解約要花很多時間和精力，違約金也貴到會讓錢包縮水，所以消費者往往無法輕易放棄約定。再加上這個時代，綁約服務似乎變得理所當然：網路綁約、手機綁約、淨水器綁約、按摩椅綁約，甚至連床墊都有綁約！原本綁約服務只以金額高、一次購買會讓人感到有負擔的昂貴商品為主，現在業者已經將手伸向即使沒有綁約也可以輕鬆支付的日常用品上。

光是計算費用就讓人頭疼，因為這些合約終究是債務。即使已經開始使用這些東西，但是因為綁約三年，反而給人一種那些物品不完全屬於自己的感覺，每個月要因此分期繳納的合約越多，我的生活就越複雜。況且像網路、電視等服務，每次搬家都要支付遷移安裝費用。

我之前就下定決心不再受綁約束縛，現在竟然被綁約一年的網路服務絆住了。再加上不知是否能順利解除一個月後的五千四百韓元收費服務，需要保管好機上盒一年，以及萬一以後要搬家必須提前申請解約或轉移等。

如果當初我透過管理室申請，只要在還機器時說一聲「我不需要用了」就好了。沒想到為了省七百韓元，整個情況變得非常複雜。

親切和藹的師傅走了之後，我對先生說：「怎麼會這樣？我怎麼感覺像被騙了？」

「是啊，就當作又學到一個很大的教訓吧。」

「嗯，我決定今後的生活中不要再有綁約。」

經歷網路事件已經一年了，我們除了當初加入的網路服務之外，沒有再使用任何綁約和分期付款。

如果需要什麼物品或服務，我們都會仔細評估後用現金購買，而非分期付款。我們使用可以自行更換的濾水器代替租賃型淨水器，用按摩棒和按摩球代替按摩椅，手機也是自行購買，沒有使用綁約的廉價手機方案。除了不可避免的房屋租金之外，不欠任何債務的生活有著難以言喻的自由。

不拘泥於任何東西的自由，遠比節省應放棄的小錢更有價值。

在都市自給自足的喜悅和體悟

因為生活單純，所以我有了依靠自己的力量好好維持生活的自信。小房子就夠住了，小日子過得去，生活品質也不錯。我得出的結論是，如果對小房子花費較少的生活感到滿意，那麼就沒有必要花時間努力賺更多錢買更大的房子。

然而，即使簡化了家、飲食和日常生活，我的生活仍有很多部分是外包的。即使金額不大，但是仍影響我對生活的主控權。雖然我努力學習，勤懇工作，並踏實地過日子，但是生活中真正需要的生存自立技術卻一個都沒有。我想，如果沒有錢也能生存下去，我會活得更自由且輕鬆，所以我開始磨練相當缺乏的自給自足技術。

最先開始做的是打理菜園。今年春天，即使先生覺得麻煩，我仍拉著不想動手的他簽訂了住處附近的周末農場合約。我認為只要不從外部購買生活必須的食材，就不用浪費這些錢，我們也可以用更少的錢自由生活。

因為是第一次嘗試，所以並不輕鬆，但是多虧了實踐之後比我更熱情的先生，我們從春天到初冬都收穫了豐饒的農作物。

一年四季都能盡情吃蔬菜，夏天收穫番茄、黃瓜、茄子、辣椒、芝麻葉和南瓜等，還能享受與鄰居們分享的喜悅。秋天培育出白菜和蘿蔔，也成為我婚後第一次自己做辛奇的食材。冷風吹來更甜的菠菜、胡蘿蔔和結實的大蔥，這些都是在我們的有機農場養出的健康孩子，所以我們連一根蔥都精打細算地用，也因此一年來幾乎沒有花錢購買蔬菜。

我透過自己的力量解決了吃飯問題！我們以自給自足的成就感度過了豐盛

的一年，雖然很辛苦，但是也很充實有趣。我發現親自栽培在超市裡容易買到的蔬菜比想像中難，也因為這樣的不容易讓我更珍視其價值。「即使沒有超市也沒有錢，我也能用自己的力量解決飲食」的自信非常珍貴，是任何東西都無法取代的。

我們開始打造周末農場後，生活發生了很多變化。現在的我認為蟲子也是生命，不能隨便亂殺，如果不是不可避免的情況，我都會放蟲子一馬，這不是故意為之，而是非常自然的變化。

我會將家裡的瓢蟲和蜘蛛送到窗外，偶爾飛入家中的小飛蟲則用嘴吹走。在菜園除草時，因為擔心在地下的蚯蚓受傷，所以我會輕輕挖土。這樣的變化對我來說很新鮮，我與自然的關係似乎也更加親近了。

在菜園裡親自栽培農作物後，我才更加努力保護環境。我在菜園裡藉由親身體驗生出的守護環境使命感，比透過書和影片觀看所激發的感覺多了千萬倍。現代社會垃圾過多的情況是因為我們外包了日常生活許多部分，並用金錢購買大部分的東西。我決心今後也要更加努力培養自立能力。

我也成功自行剪髮。剛開始抱著如果搞砸再去美髮沙龍修剪的心態進行了挑戰，但是初次挑戰的結果還不錯。親自剪頭髮比想像中簡單且順利，我嚇了一跳，輕鬆節省了兩萬韓元的我決定以後不再去美髮沙龍了。

接著我買了一個小型家用烤箱，製作麵包是以麵包為早餐主食的我們必備的自給技術。在家自己做幾千韓元就能買到的麵包是一件非常辛苦的事，但是因為可以選擇品質好且健康的材料，所以仍是非常珍貴且有價值的事。

現在我不僅每天早上吃巧巴達和司康等麵包，也能輕鬆烤出餅乾和蛋糕等甜點，每次招待客人時都能自豪地推出自己製作的甜點。用自己在菜園栽培的胡蘿蔔製作的手工胡蘿蔔蛋糕特別受歡迎，雖然外表沒那麼精緻，但是親自烤的蛋糕味道和誠意都能得到客人們的認同。我也將不用的被套做成窗簾，不委託乾洗店，而是在家直接用特殊的洗滌劑清洗需要乾洗的衣服。

在借助外部機械資本力量就能不費吹灰之力完成許多東西的現代社會，我一個接一個增加不借助他人之手、不依賴任何東西，而是靠自己的力量自給自足的生存技術，這讓我感到非常自豪，也比以前更自由。

親自製作食物、和村裡其他鄰居交換農作物、自己做衣服和茶、用太陽能發電……只要能在家裡用自己的力量製作大部分東西，即使錢不多也能幸福地活下去。換句話說，我不必再去超市，也不再需要一次性購物袋和塑膠包裝的產品了。

雖然現在仍無法全部實現，但是為了往後能享受嚮往的手工生活，我會從現在開始一點一點地練習並努力生活。

顧名思義就是雜物

「看來你的家用品還沒全部搬進來啊？」

搬家一年後，煤氣檢查員或家電售後服務師傅來我家都會問這個問題。

「我搬來大概有一年了。」

他們被我的回答嚇到，一副難以置信的表情很有趣。每次我在部落格上傳房間的照片時，都會被問到要怎麼做才能如此乾淨俐落。來家裡玩的朋友也會驚訝地表示我們家像樣品屋，並且問我該如何維持得如此整齊。

每當被問到這個問題時，我都會這樣想：「原來大家都希望家裡乾乾淨淨且整整齊齊，只是不知道該怎麼辦。」然後都會回答：「請先扔掉雜物。」

家家戶戶都有雜物，我們不僅不知道該怎麼分類，也根本分類不了，有時甚至不知道這些東西是哪裡來，何時進到家裡，又放了多久，甚至想破頭也不知道要用在哪裡。將這些來歷不明，已經從我們的記憶中消失的物品收集起來的空間就是雜物間。

我家之所以看起來乾淨整齊，就是因為家裡沒有那種空間。家裡除了正在使用的東西以外沒有任何多餘的物品，因為我們擁有東西的理由是為了使用。不再使用的物品，在生活中的名字就是雜物。如果你也想保持家裡乾淨整潔，只要藉由清除這些沒有名字的雜物來守護自己的家就可以了。

如果仔細觀察居住的空間，就會發現我們被比想像中更多的雜物包圍，並且會被「這個為什麼在這裡？」或是「為什麼我不知道有這個東西？」等想法嚇一跳。當然，因為我們不知道佔據空間的雜物用途和名字，所以才難以感受到它們的存在。

很多人去飯店或度假中心心情會變舒暢，我也喜歡那種感覺，所以也會去度假。但是多數人旅行回來後，卻因為再次看到現實中的家而感到憂鬱。我想這些人不是因為單純去飯店玩而感到快樂，而是喜歡沒有雜物的空間。

如果想把雜物都清空，並住在只留下必要物品的整潔房子裡，就必須嚴格審視家裡的東西，特別是需要毫不留情地冷靜處理掉明顯屬於雜物的物品，也要拒絕試用品、贈品、買一送一等免費物品。郵件和包裹必須馬上拆開，該扔的就丟掉，需要留著的則必須好好分類。如果發現抽屜、碗櫃和衣櫃等有一點不整齊，就要馬上處理掉不必要的東西並再次整理。

雜物的生命非常堅韌，體積也會一天比一天膨脹。它們的唯一目標是讓空間的主人不敢收拾，所以一旦家裡有了雜物，就會很難消除。因此，我從一開始就不把雜物搬進屋裡。我根本不想擁有除了雜物之外沒有其他名字的東西，也總是及時整理，不給雜物留出空間。

隨著習慣了沒有雜物的生活，我送禮的方式也改變了。我發現好心送人的禮物，如果對方認為沒有用，可能就是給對方添了一個雜物。然而，因為樂趣、人際需求、名義或面子，我們不可能不送禮物。對自己來說是雜物的東西往往也可能成為他人的雜物，但是在處理時可能會因為是禮物而難以乾脆地丟掉。

所以我現在都送會消失的東西，例如美麗的鮮花、電影票、咖啡兌換券，以及捨不得花那麼多錢，但是有人送就可以開心享用的高級甜點或蛋糕等。這些都是吃了會消失，或是會隨時間流逝而枯萎的東西，所以不需要花很多精力或時間處理。

今年秋天，我沒有送公婆中秋禮物，而是帶著他們一起去旅行。兩天一夜的麗水之旅讓我們都充分感受到秋天的豐饒。如同用體驗取代購物能讓我們留下很多更有價值的回憶和感覺，以經驗代替物品作為禮物時，收禮者往往會更開心。對方很容易到了明年中秋節就忘了你去年送了什麼禮物，但是他們一輩子都不會忘記一起度過的兩天一夜麗水旅行。

十年沒見的書架

「我不需要這個書架了，想要扔掉，你還要不要？」

和妹妹的訊息一起傳來的照片中有個空蕩蕩的鐵製書架。久違地看到這個書架讓我很開心。這是我用第一份薪水買的書架，結婚後放在娘家讓妹妹使用。現在我正好需要一個書架，所以很高興地接受了妹妹的提議，並欣然地說：「我要用。」

就這樣，時隔十年，書架又回到了我的懷抱，這讓我有很深的感觸。當時想著要在二手賣場出售，但是嫌麻煩就先放在娘家，現在想想，幸好當初沒有丟掉。妹妹拿走了差點被賣掉的書架，用了幾年後不再需要了，到了必須處理的時候，書架又再次回到我身邊，延長了它的壽命。擦掉陳舊的灰塵，鎖緊鬆掉的螺絲後，我發現書架依然完好無損，非常堅固，只要我不變心，今後還可以繼續使用十年。

十年前購買的東西不知不覺如家人般一起變老，這讓我感到很溫馨。我很喜歡這種把物品持續傳遞給需要的人，一起生活並變老的感覺。剛開始是因為CP值高，所以才買了這個廣受歡迎的國民人氣書架，現在則因為這個書架充滿家人的回憶而覺得比任何昂貴的書架都珍貴。

以書架為開端，我和妹妹正式開始以物易物。我常常利用胡蘿蔔市場或網路二手賣場處理不再需要的東西，雖然可以賺點錢，卻需要消耗相對多的時間和能量，但是和妹妹以物易物則非常簡單，彼此也都很滿意。另外，有些東西雖然我不再用，但是總覺得便宜賣給人很可惜，所以感到猶豫，不過如果是給妹妹就絲毫不覺得可惜，還可以免運費，沒有比這更好的了。

我仔細觀察這段期間我們姊妹以物易物的清單，發現雙贏的以物易物持續了很長的時間。不符合我們枕頭尺寸的枕頭套成了妹妹的寵物狗專用吹風機套，妹妹家倉庫角落裡的收納箱在我們家作為衣服存放箱。因為尺寸小，所以妹妹不怎麼穿的鞋子對我來說就像訂製款一樣，穿起來剛剛好。我也經常把別人送我的化妝品讓給喜歡化妝的妹妹，此外其他還有地瓜、馬鈴薯和橘子等。

不久前，妹妹寄了裝滿四季衣服的快遞箱到我家。她在整理衣櫃時，把尺寸不合，所以不能再穿的衣服都送給我了。妹妹的衣服總是漂亮到讓人好奇是在哪裡買的，但是不論我過去多想要，也因為尺寸太大，所以沒能如願。然而，我最近突然變胖了，所以過去穿起來不合的妹妹衣服，現在穿來也像自己的衣服一樣自然。雖然我不知道這是該開心還是傷心，但是不管怎樣，收到一年四季都能穿的漂亮且高品質衣服讓我心情很好。雖然這些是妹妹已經厭倦的舊衣服，但是對我來說卻是充滿新鮮感的漂亮衣服。得益於此，今年冬天和明年春天，即使不購買衣服，我也能順利度過。

有些人覺得如果只用最少的東西生活，就不會有能以物易物的東西，但是我反而因為如此累積了許多捨不得直接賣給別人的東西，所以比起低價賣給不認識的人，還不如直接送給心愛的妹妹，心裡還更舒服。也許妹妹也和我有類似的想法，所以我們姊妹隨時都會開啟以物易物市場。

P
A
R
T
4

簡單優雅
態度

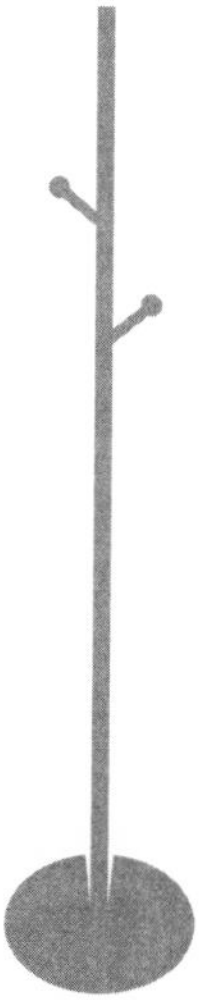

不當蔬食主義者
而是蔬食愛好者

我在聖地牙哥朝聖路上遇到了令人印象深刻的咖啡館。這個很小的咖啡館前院非常大，和建築物本身形成鮮明對比，前院可供朝聖者們露營，也自由放牧和飼養多種動物。

我在那裡看到了非常「可愛」的雞，牠們跟在一手拿著咖啡、一手拿著麵包走出咖啡館的我後面，彷彿在說：「分點麵包給我吧。」那天是我人生中第一次和雞群玩耍。這與和妹妹養的兩隻貴賓狗玩沒什麼不同，是非常友善又溫馨的交流。

那次經歷讓我震驚又感動，以前從來沒意識到雞是和人類一樣的生命體，我的無知大大對自己造成衝擊。

我原本就為了健康和環保因素，選擇以蔬食為主的飲食，那天在聖地牙哥朝聖路上與可愛的雞相遇則讓我踏上完全蔬食主義者的道路。我從單純以蔬食為主的飲食習慣，變成了拒吃肉類的蔬食主義者。剛開始我非常滿意，覺得這是正確的事，也想做好。

因此，在與非素食者的先生或朋友們聚餐時，偶爾吃肉總會讓我愧疚不已。加了牛奶的咖啡原本是我最喜歡的飲料，也是唯一的愛好，但是成為蔬食者後，喝那樣的咖啡也讓我內疚。由於我不想戒掉咖啡，所以每次喝咖啡時感受到的罪惡感成了很大的壓力……最後，只要想到要吃不該吃的食物我就會消化不良，吃東西對我來說已經不是快樂的事，而是如考試般讓人緊張且不舒服。

為了堅持自己認為正確的信念而折磨自己，這真的是對的嗎？吃東西不再帶來快樂後，我才看到被「蔬食」所束縛而痛苦的自己。

因為不想傷害生命而實踐的飲食方式反而傷害了我。世界上沒有完美的信念，也沒有完美的正確答案或無論如何都必須遵守的東西。我認為最重要的是在不勉強的情況下傾聽自己的心意，用靈活的態度生活。

因此，我決定成為「蔬食愛好者」而非「蔬食主義者」。盡量少吃肉的想法沒有變，但是我從「完美遵守」的心態轉變為「盡我所能，能做多少就做多少」的開放心態。

過去我和別人聚會時都會說自己吃素，現在則維持以蔬食為主的飲食習慣，可以吃肉，但是盡量不吃。如同其他飲食愛好，我會向朋友表示自己偏好蔬食，並互相尊重，選擇合適的餐廳。

這個變化對我來說意義重大，因為我決心要把生活過得更好。雖然我熱愛並關懷動物和環境，但是我決定要更尊重並先照顧好自己。這麼做之後，我的心確實比以前舒服多了。

每當我說自己吃素，大家都會說：「應該很辛苦吧！」也有些人會問要去哪裡吃。由於這樣的飲食方式有諸多限制，所以大家當然覺得很困難。

然而，我反而是在成為蔬食愛好者後才覺得變自由了。因為我不再明確界定吃與不吃的東西，我吃雞蛋，喝有牛奶的咖啡，也吃鯷魚湯頭的湯麵。我不想再權衡信念和價值，並遵守如刀般折磨我的規則。我覺得不舒服就不吃，認為沒事就吃，但是在吃的時候懷著感恩且喜悅的心情，因此，我現在即使吃肉，心裡也沒有愧疚感。

我也擺脫了一日三餐都要很精緻的想法。即使糙米飯裡只有海苔和生菜也能吃飽，如果沒有米飯，一碗水果也能成為令人滿意的一餐。這個世界上不是只有肉，還有很多能吃飽的東西，尤其是香蕉，既不會給胃帶來負擔，又讓人有飽足感，甚至不需要辛苦清洗和削皮，因而成為我最喜歡的食物。

飯、湯、主菜和小菜都備齊才算真正一餐的概念消失後，我擁有了能節省時間、金錢和精力的單純飲食生活。我一天只吃一頓全部備齊的餐，主要吃原型食物、簡單料理的蔬果、麵包和咖啡。雖然這樣的食譜不是正確答案，但是我非常滿意。

有些人擔心吃素營養不均衡，甚至也有專家如此表示，但是有一點我可以肯定，那就是在追求蔬食的同時，我更加珍惜自己的身體。我自然而然地戒掉了消夜、暴飲暴食、太辣或過鹹的食物、速食和酒等，僅憑這些，我就比以前健康許多。大部分疾病都不是因為不吃肉造成的，而是亂吃所導致。

雖然嘗試過很多次，但似乎總是回到原點的蔬食主義者挑戰和蔬食生活，現在回想起來，我並不是回到原點，而是逐漸向前邁進。

我以為滿腔熱情走了十步後，搖著頭往回走的我是原地踏步，然而事實上我只是退了七步而已，我仍然前進了三步。往後即使仍是邁出十步，退回七步，我仍會繼續挑戰。本以為自己什麼都沒達成，但是我已經和幾年前無知的自己完全不同了。

我想不論再過多久，自己可能都無法成為完美的蔬食主義者，但是我仍會像至今為止追求蔬食主義的生活一樣，往前走十步，退七步，踏實地前進三步。

維持捲髮

我是捲髮，所以從小學就開始燙髮。因為自然捲讓我自卑，所以每年會定期燙直一兩次，從未覺得有任何不妥。從十歲開始，我燙了快二十年的頭髮。不知為何，我只要頭髮稍微捲了一點，就一定要去美髮店燙直。

幾年前的婚禮前夕，我去美髮沙龍時，店長摸著我的頭髮說：

「為什麼一定要把你漂亮的捲髮燙直呢？你的頭髮比較細，燙直會損傷很嚴重，甚至會因此扁塌。」

這是我第一次聽到別人說捲髮也很漂亮，而且我擁有標準的美麗捲髮，這瞬間打破我認為「直髮才漂亮」的偏見。

事實上，由於頻繁的燙髮，我的頭髮確實因為受傷而扁塌，再加上我也不喜歡有毒的藥劑，以及坐著等待燙髮的無聊時間，所以一直想放棄燙髮。儘管如此，因為不喜歡捲髮，所以還是沒能放棄。為了讓別人覺得我很漂亮，我認為應該隱藏醜陋邋遢的捲髮，維持飄逸的長直髮，這樣才是美麗的女人。

然而，婚禮前夕美髮沙龍店長的一句話卻讓我產生了嘗試捲髮的勇氣。我決定不再燙直，並試著去愛天生的捲髮。就這樣，我不再去美髮沙龍了。

雖然下定決心比想像中容易，但是以捲髮生活的過程並不簡單。同是自然捲的人應該知道，燙直後一兩個月，原本的捲髮就會開始長出來，所以頭髮會變得很亂，瀏海也會看起來十分土氣，不整理根本沒辦法出門。

剛開始我看著捲髮覺得很奇怪且彆扭，不知為何，我覺得捲髮讓自己看起來很土很醜。儘管如此，我堅持不燙直是因為我想以真正且完整的模樣生活。我不想在意別人的眼光，而是希望按照自己的意願生活，也不想再一年去兩次美容院，坐四、五個小時直到屁股發痠，並且用毒藥來燙直頭髮了。

留捲髮兩年後，我將之前燙直時不自然的髮尾全部剪掉，只剩下自然捲。經過長時間的忍耐，終於見到的天然捲髮真的非常美麗，我從此擁有美髮沙龍店員們經常稱讚的那種用捲髮器很難燙出的自然捲髮。

由於不再燙髮，我也因此擁有健康的頭髮。如果要說缺點，就是根據天氣和濕度，頭髮的捲度和髮質會有所不同，無法隨心所欲，但是我覺得鏡子中帶著捲髮的樣子更像自己，所以感到非常滿意。我的瀏海依然像蚯蚓一樣捲曲，但是如果現在有人視線長時間停留在我的頭髮上，我不會再自卑且驚慌失措，而是有了「我是捲髮，但是不打算燙直，而是試著留長」的勇氣。

如今已經維持捲髮五年，並且覺得留著捲髮真是太好了。沒有必要再去美髮店長時間坐著等待，最棒的是我真心喜歡最自然且最像自己的樣子。

我也不再煩惱過去讓我自卑的其他缺點，停止塗粉底液來遮住滿臉的雀斑，也不再穿有厚墊子的內衣來隱藏自己的小胸部。我完全愛上下雨天不好打理的捲髮，也不再拔從二十九歲開始出現的白髮。我花了相當長的時間才學會愛自己原本的樣子。

每個人都有不同的頭髮和樣貌，很多時候我認為是缺點、並且想隱藏的部分反而是我最可愛且有魅力的部分，我不喜歡的樣子別人可能很喜歡。

我是邊留捲髮邊學習愛自己的方法，現在比起他人眼中的我，我認為更重要的是我如何看待自己，我也比以前更愛且珍惜自己。

很貴但很美的家居服

在工作量大，讓人疲憊到難以堅持下去的時候，我會在洗澡時用小蠟燭代替日光燈。下班回家，我往往身心俱疲，連一根手指頭都不想動。隨著不洗澡就開著燈睡覺的日子越來越多，我產生了要改變些什麼的想法。

在點著蠟燭的房間睡一晚是我最喜歡的休息方法，但是有段時間我忙得連這麼做的餘裕都沒有。我想著，那麼我何不在洗澡時點蠟燭呢？充滿氣氛的照明也許會讓我在洗澡時更放鬆，所以我就這樣開始點起了蠟燭。

剛開始因為太暗，我都不知道能不能洗乾淨，但是一轉眼就習慣了那小小的燈光。點著蠟燭洗澡讓我更加注意，並且有意識地放慢所有的動作。在太過忙碌的工作日，光是點蠟燭並放慢洗澡動作就能療癒我，並使我從工作中脫離，回歸到日常生活。點蠟燭洗澡就這樣成為了我生活中的小儀式。

開始認真洗澡後，在家隨意亂穿的習慣也消失了，我開始慎重對待這件事。那是我首次花自己的錢買家居服，一件印有小紅愛心圖案的白色可愛睡衣。每次換上乾乾淨淨、被陽光晒得暖烘烘的棉質睡衣時，感覺就像在寵愛自己一樣，我的心情都會變好，並能感受到小確幸。

以前我捨不得把已經鬆掉、起毛球、膝蓋處已經磨破的破舊外出服扔掉，都是放在抽屜裡當作家居服，因此在家裡穿的都是褪色、甚至有洗不掉汙漬的衣服。儘管這樣的衣服穿起來很方便，但是也讓我養成了隨便洗、隨意掛晾，並隨便穿的習慣。

某天我突然有了這樣的想法，為什麼我只有被人看見的時候，才穿自己喜歡的漂亮衣服呢？一個人的時候不能穿好看的衣服嗎？

第一次認真花自己的錢買家居服的那天，我把原本在家裡穿的破舊外出服全部扔掉了。那也是我首次仔細審視放在抽屜角落的隨便家居服，沒想到多年來居然累積了那麼多。我終於可以毫無眷戀地脫離一回到家就成為灰撲撲女傭的時光了，心情真舒暢。

我還順便把破舊內衣、雖然不是很滿意，但是因為打折就買的內衣、即使尺寸不合也勉強穿的內衣都丟掉了。空出來的位置我用自己覺得最漂亮且擁有最理想材質和設計的衣服填滿。為了能穿很久，我每次洗澡時也習慣順手洗內衣。由於經常手洗，晒和穿的時候也很小心，所以即使穿了一陣子還是像新的一樣。

無論何時都穿著嶄新內衣的樂趣，還有穿著可愛睡衣的生活比想像中讓我心情更好。雖然別人看不到這些衣服，只有我獨自感受這樣隱密美好時光，卻是我最優雅的時刻。我原以為漂亮的衣服只能在特別的日子穿，但是每天穿，感覺天天都是特別的日子。日常生活變愉快後，我的生活態度也發生變化。過去的我常常駝背且看起來不開心，現在的我則挺起胸膛開朗地生活，所以看起來更優雅了。就這樣，我因為用漂亮的睡衣款待自己，自信也不知不覺隨之增加。

雖然只是小小的變化，但是透過這次經驗，我養成了無論何時都要珍惜自己和物品的習慣。現在的我對任何事都不馬虎，因為我了解到優雅的生活不是昂貴的物品或悠閒的時間堆砌出來的，而是源於自己的姿態和內心。

不是百分之百滿意就不買，不亂扔慎重投入的東西，而是好好管理並長久使用。地上不堆東西，經常打掃並維持乾淨的環境。看著灑在白牆上的陽光，悠閒地想著今天一整天要做什麼，沒有比這更優雅的日常了。

不是現在就無法做的事

當時正值一年的世界旅行中期，我在越南機場等待飛往普吉島的航班時，突然下定決心這麼做。我走進廁所，脫掉內衣丟進垃圾桶。終於開始了之前想過幾次，但是沒能付諸行動的「無內衣」生活。

前往普吉島的前幾天，胸口持續出現異常的疼痛，似乎不是吃太多，也不是腸胃炎，但是一直很不舒服。坐在越南機場的長椅上時，我推測疼痛可能是緊繃的內衣鋼圈造成的，所以我想著要趁這個機會挑戰一下，並因此進入不穿內衣的自由世界。

也許大部分女性都是這樣，但是過去的我認為每天穿內衣是我的宿命。因為身邊的人都穿，所以我也覺得自己應該要穿。

我只能在沒人的家裡脫掉內衣。一整天都穿著如同盔甲般悶熱的內衣，回家後脫掉衣服讓我心情非常輕鬆，彷彿自己是世界上最無拘無束的人。

我希望一整天都能享受到這種自由，而不是只有偶爾。在韓國生活時，因為害怕別人的眼光，我沒能那樣做。趁著去世界旅行時鼓起勇氣，在意識到自己因為緊繃的內衣而消化不良且胸悶時，我扣動了開啟無內衣生活的扳機。

整天不穿內衣的生活比想像中更自由且美好。我因為希望胸部線條看起來漂亮，再加上想隱藏小胸部，所以長期穿著藉由鋼圈達到集中托高效果的內衣，但是這樣的內衣對我的身體沒有好處。開始不穿內衣後，偶爾消化不良、胸悶、夏天流汗悶熱的情況都消失了。

鼓起勇氣擺脫他人的視線一次後，第二次就容易多了。別人比我想像中更不關心我的穿著，即使偶爾有人看向我，那也是暫時的。在國外生活的時間越長，越能毫不猶豫地鼓起勇氣穿平時想嘗試卻不敢穿的衣服。

在倫敦時，我買了露肚臍裝和熱褲來穿，還穿了從未穿過的緊身洋裝。沒有人對這些穿著表示什麼，會不敢穿都是因為自己製造出無法逾越的線。我試著完全擺脫自己畫的那條線。試著穿如果不是現在就無法穿的衣服，並挑戰一直想嘗試看看的風格，這讓我逐漸培養出可以隨心所欲生活的自信。

就像生命有限一樣，我們的青春也是有限的，所以我想從現在開始優雅且愉快地享受人生中只有一次的青春，嘗試不是現在就無法做的事，並在擺脫在意他人視線的心態後活出自我，讓自己在四十歲之後，不會後悔地想著：「為什麼我三十多歲時要那樣生活呢？」因此，拋開對身材的擔心，我穿起了比基尼、露肚臍的T恤和熱褲，即使素顏且沒穿內衣，依舊堂堂正正地走出門！透過旅行，我在新的世界裡產生新的想法和視角，這讓我感到非常愉快。我決心回韓國也不要忘記這份心情，並且要活得更像自己。

想在韓國完全不穿內衣有點困難，所以除了冬天之外，我主要穿用薄且柔軟的布製成的內衣。承受身體的不便，把自己包裝成擁有美麗胸部女性的想法消失了，現在的我能自行選擇是否穿內衣，這是很大的改變。

如果未來都能這樣生活，該有多單純且舒服啊！不論做什麼，只要經常做就會變好，常常練習活得像自己，就能慢慢熟悉活出自我的方法。

這樣的妝容就好

我從幾年前開始就不使用粉底液、ＢＢ霜和粉餅等，而是只塗有提亮功能的防晒乳。底妝和彩妝產品各只有一個。

自從發現自己即使擁有各種顏色和功能的產品，也只用熟悉且適合自己臉部的產品後，我就逐漸減少化妝品的數量。清空過去每次打折就會從化妝品專櫃帶回的數十種化妝品，開始只用最少的化妝品生活。

不再浪費任何化妝品，而是專注用完，所以用完後再買新化妝品時的滿足感成為我日常生活中的小小喜悅。也不再需要化妝檯，外出準備變得簡單許多。

我熟悉了不濃且能讓皮膚呼吸的舒服妝容，甚至在不知不覺間習慣了素顏的自然。妝容精緻乾淨的臉也很好，但是我最喜歡的是只塗了乳液的素顏。素顏不再讓我覺得尷尬、害羞或覺得應該隱藏，而是沒有任何顧慮地告訴大家：「這就是我的樣子。」這也許是我減少化妝以來最大的收穫。

在減少化妝品種類的同時，我的臉部清潔用品和基礎保養品也大幅減少了。過去為了卸除濃妝和厚粉底，我擁有卸妝油和洗面乳等多種潔顏產品，現在則只需要用成分溫和的香皂和水洗臉就夠了。

最近我化妝都只塗防晒乳，並在眼皮塗上適合膚色的淺色眼影，再畫上薄薄的眼線。雖然偶爾會刷上睫毛膏，但是只要刷一層就感覺很重，所以如果不是特別的場合就不會塗。接著畫眉毛並塗上口紅，日常妝容就完成了。這是在保持皮膚健康的同時，能均勻膚色，並用與膚色相配的口紅稍微增加氣色的簡單妝容。

我的基礎保養品現在只有一種乳液。過去都是乖乖按照化妝水、精華液、乳液、乳霜和眼霜的順序進行護膚，但事實上最近只塗乳液的膚質與仔細護膚的時期相比沒有太大差異。在得知即使塗了那麼多產品也沒太大效果的瞬間，我擺脫了對知名昂貴功能性保養品的迷戀。

如果想擁有好的皮膚，比起塗抹多層昂貴的功能性保養品，充分的睡眠、健康的飲食，以及足夠的水分更重要，我親身體驗並確信了這一點。

曾經有一段時間，我抱著「外表不重要，內在更重要，所以只要成為內心充實的人就好」的心態，不化妝，只穿舒適的衣服，甚至不刮毛。那時的我雖然有充分的輕鬆和自由，但是也帶來了不舒服。

過與不及都不好，我兩者都嘗試過後找到了屬於自己的平衡，並且仍在持續探索。我的生活、喜好和心情都因此發生變化。現在的我不太在意別人是否覺得我漂亮，而是希望自己快樂。我想要的是不太有負擔也不太自卑的狀態，所以現在我仍會適度化妝並打扮一下。

只用八成的精力生活

幾年前，我看了講述韓國第一代哲學家金亨錫教授人生和哲學的紀錄片。著作包括暢銷書《活了一百年》在內，現在仍堅持寫作和演講等活動，持續活躍的金亨錫教授已經年逾一百歲了。

除了他仍然有能力工作這點非常了不起之外，我認為金教授還有很多值得學習的地方。最讓我印象深刻的部分是他的生活方式，那就是無論做什麼都不勉強自己。

金教授從小就明白自己身體的弱點，所以從不勉強自己。得益於此，他比體質健康的人更持續細心自我管理，這是他能夠健康長壽的祕訣。

「我一直抱著如果一天能用的精力是百分之百的話，我就只用百分之九十並保留百分之十的想法工作至今。」

運動、工作和吃飯，他都是慢慢並悠閒地做。據說，為了防止因為時間緊迫而承受壓力，他總是無條件提前兩周結束授課準備。他在生活中實踐運動，不僅一周游泳兩次，三樓以下都是走樓梯，也經常在家後面的山散步。

他表示運動是為了健康，所以要適度，如果以運動為目的，反而會讓身體不舒服，即使對身體有益，也不應過度。另外，他認為長壽的飲食祕訣不是少吃，而是不要暴飲暴食。我看完那個紀錄片突然頓悟，金教授的所有生活方式都與節制相吻合。

即使還能再繼續工作，他也會停下來，想再多吃點飯仍會放下湯匙，運動也是適度就好，不暴飲暴食並且總是留有餘裕的教授生活看起來非常悠閒健康。

我反省並發現自己總是汲汲營營，無論做什麼都帶著熱情拚命堅持到最後。在考試或交報告前，熬夜幾天是理所當然的，即使生病也強忍著繼續工作，就連玩樂也像明天是世界末日般玩得過火。破壞並耗盡自己的一切、最終筋疲力盡的情況，在我的生活中就像樂譜裡的反覆記號般重複出現，所以我常常在恍惚之中完成許多事，狀態經常像結束派對的隔天早晨一樣宿醉和亂七八糟。

過去的我認為做什麼事都把自己逼到極限是理所當然的，但這卻是錯誤的。因為老天爺賜予我的東西不是無限，而是有限的，所以節制地使用非常重要。如果我的精力是一百，平時只能花百分之五十到六十，需要努力時只能花百分之八十。唯有如此，才能在真正危急時使用百分之百也不至於讓身體壞掉。

不僅是身心能量，心情、金錢和熱情的使用方式也應如此。我不是機器人，所以無法一直保持最佳狀態。我的精力使用後會減少，完全放電後到充電完成需要花很多時間。與其長期過著「〇到一〇〇」的疲勞生活，不如從五十、六十分充電到七十、八十分，如果下降到三十、四十分就要好好休息。我現在認為不要總是保持在最佳狀態，而是持續維持在適當狀態會比較好。

我最近過著寫稿、閱讀，偶爾外出打工的生活，一天的行程排得很滿，所以每天都百分之百將能量消耗殆盡，也因此經常覺得很疲倦。如果我想再加入幾個新行程，為了過「適度的生活」，應該要學會放下幾件平時在做的事情，但是我仍然想要抓住一切，過著「完美的生活」。

每次遇到這種時候，我都會想起金亨錫教授的話：「我只消耗百分之八十的能量。」所以不再勉強自己，選擇適可而止。

今天難得沒有打工，我可以度過輕鬆的周末。因為家裡的窗戶總是開著，所以我早已想著要擦拭已經積了一陣子的灰塵。雖然如此，但是我今天選擇先停下來，無所事事地躺著，因為我想先冷卻過熱的身體和腦袋。

這麼做的感覺實在太棒了。閒適地度過上午後，下午就有了能活動身體的力量。我寫了點稿子，做了之前拖延沒做的事，度過了勤奮的下午。我決定往後也要像這樣只用百分之八十的能量過完一天，每天果斷放棄不太重要的東西，留下能讓自己身心放鬆的百分之二十精力。努力生活卻偶爾懶惰的方法就是留白。

希望大家也不要勉強自己，只用百分之八十的能量生活吧。

香奈兒包和Repetto鞋

我認為擁有能讓自己心動的物品與擁有必需品一樣重要。

只要擁有一件滿意的東西，就不會想再買別的，所以購物一定要慎重，如果是以「暫時能用」的想法購買物品，那麼這件物品一定會再次被丟棄。

「這個東西是我最想要的嗎？」

問自己這個問題時，如果不能馬上得到肯定的答案，就請放下該東西，直到出現最想要的物品，或者有購買餘力為止，請不要買次佳的物品，因為如果之後出現更好的東西，我們就會在不知不覺間再次丟棄該物品。

我處理掉大部分的大衣後，想買一件適合各場合的黑色大衣，但是幾年來一直沒遇到我想要的設計，所以長期穿著舊大衣。後來偶然在Outlet看到心目中想要的黑色大衣，當場就毫不猶豫地買下了。

那年冬天，我每天都穿著合我心意的優雅黑色大衣，往後天寒時也會以幸福的心情穿這件大衣，同時不用每年冬天都花時間和精力煩惱該買什麼了。

如果你問我極簡生活的優點，我想告訴你的是雖然擁有的東西很少，但是都能給我最大的滿足感，所以每次使用心情都很好，不會因為想要更多東西而浪費精力。

環遊世界時，我從一開始就下定決心到法國巴黎和美國時要買幾樣自己想要的東西。因此，在這個長期旅程中，除了添購幾件必須的衣服，我對購物漠不關心。直到抵達巴黎之後，才懷著激動的心情到百貨公司為自己買禮物，這些都是我幾年來一直想要的。

就這樣，我擁有了人生中第一個香奈兒包。那是一個要陪伴三十幾歲的我的錢包。由於現在幾乎不用現金消費，所以一直想找個薄且輕的錢包代替二十多歲時就在用的長皮夾。我只想要一個能放一張借書證和身分證，以及一萬韓元左右應急金的簡潔錢包。我不隨意選購，而是默默等待購買理想錢包的時機，果然終於買到自己認為最有價值的東西。

我還買了一雙色彩鮮豔的平底鞋。旅行期間我一直舒服地穿著從韓國帶來的平底鞋，那雙鞋在倫敦「壽終正寢」了，但是我一直想買Repetto的鞋，所以忍耐著沒下手，直到我們抵達巴黎。

事實上，我不是個穿鞋子穿得很凶的人，所以比起其他常穿鞋子的人，購買昂貴的鞋子對我來說是奢侈的，但是我相信好鞋子會帶領主人到好的地方，人的穿著中最重要的就是鞋子。聽說符合人體需求的鞋子穿起來感覺確實不一樣，腳的疲勞程度也會因此降低，所以我想親身體驗一下這些話是否屬實。

「好的東西要親自用用看才能知道是不是真的好。」聽了先生這句話，我鼓起勇氣買下，並因此讓後半段的旅程更舒適。

如今回到韓國已經兩年了，每當拿著一隻手可以輕鬆握住的香奈兒錢包外出，或是穿著活潑的紅色平底鞋輕快地走路時，我的心情都會很好。正合我意的物品總是能給我確實的幸福。

偶爾嘗試
放下手機的生活

我最近會刻意遠離手機。起因是某次去住處附近的菜園時，我嫌手機礙事，所以放在家裡，結果那天意外感受到前所未有的輕鬆。放下智慧型手機後，一整天的空白變多了。

空白的時間，雖然有點無聊，卻突然發現自己已經很久沒有這種感覺了。這與我在飛機上的感受十分相似，因為沒什麼可做，所以覺得無聊。我只是在短短一段時間放下手機遠離網路而已，卻馬上有「沒什麼事情可以做，很無聊」的感覺，這讓我決心要改變，希望以填滿自己生活空間的方式填滿自己的心。

我很享受二十四小時連線的狀態，但是另一方面又很希望中斷，我覺得網路很方便，但是也因此感到悶悶不樂。把手機從視野中移開後，我的生活變了很多。他人的貼文、新聞、SNS、八卦、搞笑影片、無聊的資訊搜尋等漫無目的被手機消耗的時間全部消失了。

剛開始，我因為這些東西消失而感到無聊，但是很快就覺得舒適且輕鬆。如果知道沒有手機的生活會如此輕鬆悠閒，我應該更早嘗試一下。

沒有手機後，我才有真正休息到的感覺。過去在沒有手機的情況下會覺得什麼都不能做很無聊，但是現在反而經常想到可以做的事。

因為無聊，我的執行力居然變強了。比方說，我一直很想做檸檬磅蛋糕，但是因為製作流程非常複雜，要花很長的時間，所以猶豫了很久，但是昨天我做了！我不是藉由看十分鐘的YouTube來獲得滿足，而是花九十分鐘製作磅蛋糕。我攪拌奶油攪拌到手臂和肩膀發麻的程度，雖然覺得「果然很累」，但是看著烤好的磅蛋糕，聞著蛋糕發出的淡淡檸檬香，那種喜悅絕對不是只看烤檸檬磅蛋糕的影片就能感受到的。

這是唯有親自實踐才能感受到的快樂。雖然我隨意將奶油和糖減少到三分之一，所以烤出的蛋糕比較酸且乾，但是那又怎麼樣呢？我依然覺得很有趣。隨著過去總是容易接觸的網路世界消失，我更專注在真正現實世界，並切身感受到過去的我度過了多少「假」時光。

在紐西蘭開著露營車旅行時，我們能用網路的時間十分有限，因為購買的是只能用於找路的低流量方案，所以我和先生在沒有Wi-Fi的地方都無法上網，我們主要停留的免費露營地也沒有網路，所以幾乎是過著一整天都沒有網路的生活。

某天我發現附近的圖書館可以使用網路，所以和先生一起興奮地前往。當時非常期待地急忙打開手機連上Wi-Fi，但是不到一小時我就想結束了。雖然我覺得都來了，不盡情上網很可惜，所以想再多做點什麼，但是我居然忘了該如何在網路上消磨時間。於是我對先生說：「我覺得網路世界變得好無聊，我們現在就回露營地吧。」

雖然我們的生活不能沒有網路和手機，但是可以選擇性地使用。以前我們每次吃飯都會習慣性打開iPad，播放有趣的綜藝節目、電影或電視劇，現在也暫停播放影片。在沒有影片的餐桌上面對面吃飯，我們可以吃得更慢，對話也增加了一倍，感覺比看著影片吃飯吃得更香也更愉快。

過去的我看電影時也習慣性玩手機，所以往往看完後和先生聊電影內容，發現自己有很多不記得的場景，並因此感到很可惜。現在看電影前我乾脆把手機放在別的房間，在觀看電影的兩個小時自己就可以完全投入。

這些是多麼理所當然的事，之前的我卻做不到，直到現在我才找回了理所當然的日常生活。只要暫時放下智慧型手機，我們的時間就會變多，這是真的！

與老朋友聚會的空虛

「搬家之前來我家玩一次吧。」

幾個月前還只是說說的邀請，沒想到朋友真的買了漂亮的花來我家。距離我們上次見面已經快一年了。

「我知道你每次喝咖啡都會配甜點，所以來的路上買了馬卡龍。」

「你不是在實踐零廢棄，所以不用塑膠袋嗎？所以我不想和店家拿塑膠包裝，打算用家裡的小菜盒裝，沒想到盒子的辛奇味道太重了，我後來還是拿了店家的塑膠盒。但是我沒拿塑膠外袋喔！我做得很好吧？」

「你下次也來我家烤肉吧。啊，但是你現在吃素對吧？」

雖然在和朋友聊天時我沒有表露出來，但是她說的這些話讓我有點吃驚。幾個月前，因為我說要寫部落格，所以她請我傳網址給她，後來經常去部落格留言，我當時沒有很在意。見了朋友後才發現，她非常認真閱讀我寫的文章，透過這些文章，她比以前更了解我了。

在我們聊天時，我不必再加油添醋，也無須再煩惱是否要講某些故事，我能展現出真實的自己，所以覺得很高興也很感激。仔細看了朋友帶來的花，想起來經常在部落格寫自己最喜歡黃色的鬱金香，朋友買來的正是討喜的黃色鬱金香。

我曾經非常在意，也很敏感地計算手機裡有幾個聯絡人，社群媒體有多少好友，在我臉書照片按讚的是誰。因為我認為朋友越多越好，偶爾覺得能稱得上是朋友的人稀稀落落時，就會有點消沉，甚至極端地想：

「我的人生活錯了嗎？大家討厭我嗎？我做錯了什麼？」

有些東西是越舊越貴，我曾經以為朋友也是如此，所以就連偶爾會刺傷我的朋友、只在需要時才來找我的朋友、沒有共同興趣，見面後只說表面話的朋友，我都不會自己先斷絕關係。「畢竟是認識十年的朋友嘛」、「這是從小學就認識的朋友」……我認為一起度過的長時間是友情的保證，所以儘管這些人際關係有時讓我苦惱，仍然無法斷除。

生活環境改變，人的經驗和想法也會隨之變化。小至口味或喜好，大到關心的事、價值觀甚至個性都會改變。每當發生畢業、搬家、離職、結婚和世界旅行等動搖生活的事件時，我都會成為與過去截然不同的人。

二十幾歲時我喜歡在深夜續第二次、第三次攤，並在江南市中心散步玩耍。到了三十歲，比起深夜的派對，我更享受白天喝茶的時間，並且偏好在日落之前回家。如果我還和喜歡深夜喝酒的朋友們聚會，彼此無法愉快相處也是理所當然的。

但是過去的我很難接受這種自然的變化，總是在思考如何抓住因為彼此喜好改變，所以友誼褪色的關係，並且為此費盡心思，在明知彼此不再愉快的聚會中，以開心的假笑填補沒交集對話中的空白。就這樣結束空轉的聚會後，每次在回家的公車上我都覺得很空虛。

以前的我忍受不了疏遠，也不了解這不是誰的錯，生活中就是會有這種自然變淡的關係，更不知道我可以選擇切斷已經不適合、只會讓我痛苦的關係，長久的關係並不是無條件就是最好的。

隨著年齡的增長，我越來越常感受到聚會後的空虛。越走越不愉快的空虛回家路讓我明白這種消耗性的聚會是徒勞的。我怕寂寞，所以勉強維持緣分，卻越聚會越寂寞。現在我決定不再這麼做了。我接受這種變化，自然而然失去聯絡並疏遠是最好的分手，我也不再拘泥於人際關係了。

「不阻止來者，不抓住去者」這句話充滿人生智慧。我們有機會與人結緣，並出現能親近的契機，也會有從彼此的人生中疏遠或消失的時候。這樣一想，我就能以更自在的心態對待人際關係。「我們到死都是朋友」、「這份友情會永遠持續」，隨著這些想法和執著的消失，我反而更能竭盡全力對待現在留在身邊的朋友，因為我知道每次的見面都可能是最後一次，所以覺得用「以後、總有一天」來推遲是很可惜的。

然而，這並不意味著我超越了人際關係中遇到的所有困難，我有時仍會受傷或傷害他人，也會期待後失望，或給出真心後覺得後悔，但是我知道舊朋友離開後，新朋友仍會到來，幾年前突然斷絕的關係也可能再次延續，甚至因為填補了裂痕，關係變得更加牢固，所以我決定坦然接受所有的變化。

如果有人問我現在有幾個朋友，我想十隻手指頭可以數完。與擁有許多朋友的時期相比，我完全沒感受到不足。雖然現在我只有少數朋友，但是每次見面時我都會感受到健康的能量和良好的互動，這樣的關係就足夠了。因為我知道人類的孤獨並不是能透過與很多人見面而填補的。

每天早上，當我為插著黃色鬱金香的花瓶換水時，我都會想起幾天前來家裡玩的朋友。我想著她閱讀我的文章，理解我喜歡的東西，並送我禮物的珍貴心意。這真的很寶貴。我當下就打開手機發訊息給朋友：

「我今天早上也幫花換水，每天早上都因此覺得很幸福，謝謝你。」

不再感到焦慮的老年生活

我和大家一樣，心中一直對老年生活感到不安。「生大病怎麼辦」、「沒錢怎麼辦」等等。想存到養老所需的最低生活費到底要賺多少，又該賺多久呢？

我對「需要多少錢養老」感到焦慮，這就是我必須更忙碌的理由。我要考上更好的大學，找到更好的工作，要賺更多錢，必須買更好的房子，要找到好老公……我執著並渴望不知道是誰定義的「更好」，因為我希望在晚年過上更舒適的生活。

因此，我一直不滿意自己的生活，每天都想著要努力往下一個階段邁進。我是一個認真學習的學生，總想著畢業要到人人都聽過的知名大公司就業。我即便感冒發燒，仍然熬夜複習考試，雖然因為膽結石而疼痛，還是去上班。然而，我的生活中卻沒有真正的幸福。

現在我不僅不斷清空家裡不必要的東西，也很少買東西了。過去的我常常不知不覺為家裡增加無用之物，但是因為看到漂亮、打折或流行等而購買的東西淪為垃圾的樣子，我現在想要擁有新物品的慾望已經消失了。

當我想購買時，我會先思考這個東西是否必不可少。我不再買不必要的物品，只購買必需品，所以每個月的儲蓄率都不知不覺上升，存摺內的錢也自然而然增加了。真神奇，我本來沒打算辛苦省錢，沒想到卻自然地省下許多錢。以前我為了儲蓄而省錢時都會覺得自己很寒酸，沒想到現在即使不特別努力也能實現節約的生活和高儲蓄率，這讓我對存錢更感興趣。

我習慣了少花錢的生活，也產生了「少賺錢也沒關係」的自信。以前我認為錢應該要越多越好，但是現在我認為錢和其他東西一樣，只要賺到我需要的量就夠了，因為我明白世界上有很多比錢更重要的東西。

錢不是越多越好，而是只要賺到自己需要的程度即可。如果能夠透過簡約的生活只花小錢，我就不必再為了賺錢做更多不想做的事，我的時間也不會再被這些事搶走。我不再是金錢的奴隸，而是能夠好好利用錢的人。我藉由過著少花錢的生活不再害怕沒錢。「只要有足夠的錢就好」的想法也消除了我對晚年生活不必要的擔憂。

我們夫妻都很認真繳納國民年金，還加入了最低保障的醫療保險。我坐在書桌前打開白紙，計算上了年紀所需的生活費。即使考慮通膨率，我們現在存的錢也足夠了。

我過去對老年生活感到焦慮的原因是茫然，因為我不知道自己的生活需要多少錢，並且認為想要經濟自由就必須賺並存下更多錢，同時覺得應該擁有數十億韓元以上的資金才能實現財務自由，並且讓老年生活更加舒適。

然而，隨著習慣少花錢的生活，我意識到現在自己在經濟上也完全自由了。我不是因為有很多錢才自由，而是現在的錢已經足夠。我確信比這更少的錢也能過上好日子，所以得到了真正的經濟自由。

我的養老準備也有了很大的變化。比起努力賺並且存更多錢，我正在學習上了年紀也能做的真正生活技術。

我和先生簽訂了住處附近的周末農場合約，一邊耕耘一邊練習自給自足。我們買了一台小烤箱，自己烤健康的麵包吃，還買了家用咖啡機，自己沖合口味的咖啡喝。這麼做當然有節省蔬菜、麵包和咖啡錢的優點，但是最大的收穫是我們不必再外包生活必需品，並且擁有能自己親自做出來的自信。我明年打算學習裁縫，自己製作輕便的夏裝，並親自進行基本的修補。

我們也開始持續運動，因為比起存養老金，我們更想儲存的是肌力。我知道這些自給自足的練習已經能讓我們即使沒什麼錢也活得下去。隨著我對金錢的看法發生變化，我對老年生活的自信也增加了，最重要的是我不再像被什麼東西追趕一樣著急且焦慮。

我沒有了對未來的茫然擔心，也擺脫了對過去的執著，所以可以更充實且完整地活在當下。說實話，我現在很期待年齡的增長，因為我現在就這麼幸福快樂，所以很好奇往後的生活會有多有趣！想到這些，就覺得成為老奶奶似乎也很不錯。

身體記住的例行工作

不論在哪裡，無論時間多長，我都會在我所在的位置上做屬於自己的例行公事，這些事不論大小，無論瑣碎還是了不起，都不是重點，重要的是這些事確保我每天早上睜開眼睛後的一整天都不複雜且走在正軌上。

一天的開始順利的話，一整天所有的事都會很順。「例行公事」的定義是執行特定工作的一系列程序。對我來說，例行公事是設計我的一天，讓有限的時間和精力能專注在更重要且珍貴的地方。雖然例行公事會依據季節或時期而有些許不同，但是大致上具有相似的框架。

在沒有設定鬧鐘的情況下充分睡飽，睜開眼睛，打開臥室窗戶，整理棉被，刷牙、洗臉、梳妝打扮、喝杯溫水，整理前一天晚上洗好的餐具，再喝杯咖啡，慢慢走進我的小工作室，寫前一天的日記，確認今天的行程，寫三個小時左右的文章。

我會像這樣在一天中最充滿能量的上午結束最重要的寫作工作，那麼剩下的時間就可以輕鬆度過。

結束寫作後我會帶著輕鬆的心情從工作室出來，以番薯、麵包和水果等作為簡單的午餐，接著洗衣服、打掃、做小菜。簡單吃過午餐後，如果下午有行程，我會外出或者去運動。

我會在讓人發懶的下午三點左右喝杯熱茶或咖啡作為下午茶。直到先生下班之前，我會看部輕鬆的綜藝節目，或者閱讀並寫筆記，度過自由的時間。

這一切之所以能夠行雲流水，是因為我清理了會讓自己「急煞車」和「急加速」的所有日常障礙，並且均衡地安排必要的工作和想做的事。

我們一天能用的精力是有限的，如果每次都在「需要做的事」和「想做的事」之間猶豫，並因此耗盡能量，那麼在開始做真正重要的事之前就會筋疲力盡。我過去往往在考慮「要不要那樣做」、「是否要去」或「要不要扔掉東西」時浪費了寶貴的精力。因此，即使是每天反覆的日常瑣碎行為，我也要制定出屬於自己的規律例行公事，使我的一天變得舒服。

即使不花很多時間和精力，我也能以熟練的身體動作過著熟悉又令人滿意的日常生活。在如此自然且行雲流水的生活中，我可以儲備更多能量以便投入真正重要的事情中。得益於這套單純的例行公事，我的生產效率和對時間運用的滿意度都提升了。

我不需要任何的猶豫和煩惱，只需要在規定的時間內結束規定的行程。我的一天漸漸變得簡潔，生活也變得有條理，並產生了規律的節奏。規律的節奏成為日常生活的力量，這樣的規律也在我身心狀態不佳時發揮更大的力量。例如從長途旅行回來，生活變得一團混亂時，我仍能按照身體記憶的程序一步步前進，使生活很快恢復正常。

我一年中沒幾次特別活動，所以如果只在有活動的日子感到幸福，那麼多數日子我都會感到失落。起床、做家事、閱讀、工作、又要再做家事……我的每天都是這樣流逝，所以有時會覺得無聊。為了不因為這樣的瑣碎日常而陷入無力感，我需要的不是每天如同爆笑喜劇一樣令人興奮的活動，而是穩扎於生活的規律節奏，也就是例行公事和小儀式。

製作屬於自己的生活例行公事和小儀式有時是無意中默默做，有時則是刻意為之，無論如何都讓我重複的每天過得更好。

即使不努力，也能充實過一天的例行公事讓我覺得每個瞬間都充滿意義，有價值的小儀式則使我能愉快地度過單純且單調的一天，並且滿足平凡的日常生活，不再需要特別的活動。總是帶著規律節奏感的生活真好！

不行就算了！

以前的我是一個澈底的規劃狂兼完美主義者，之所以說是過去式，是因為我為了擺脫這樣的自己付出了很多努力，現在也取得了一定的成功。之前的我在嘗試新事物前如果沒有先做好充分的準備，就會感到不舒服。我是那種在向前邁出一步之前，必須做好計畫A到計畫C才會行動的人。因為這種靠思考而非行動的性格，所以我的行動力很差，甚至常常只是空想，沒有付諸實現。

因為有點潔癖和強迫症，如果不夠確定或完美，比起嘗試，我更傾向放棄。雖然我也很討厭這樣的自己，但是只有這樣做我的心才會舒服，所以根本也沒想過要改變。

「不那樣生活也沒關係。」

「不完美也沒關係。」

我花了很長的時間練習才有辦法對自己說出上述那樣的話，並實踐這樣的生活。現在的我相信世界上沒有完美的人，所以不完美也沒關係，因為沒人能達到。我這樣相信之後，就比較能接納不完美的情況和自己。

仔細想想，我在不完美的狀態下先嘗試並挑戰的事物，往往意外帶來更多成就。因為不完美而產生的碰撞、破碎、失敗和受苦的過程反而讓我領悟到更多，並成為我真正的資產。儘管不完美，我也能吃得好、好好休息、睡個好覺、順利賺錢，並開心玩樂。比起每天都想要完美的時期，現在的我反而每天都感受到對生活的滿足感。

綜藝節目《My Golden Kids》中經常出現控制慾強的孩子，這些孩子就算不被欺負也過得很辛苦，他們往往因為不受控的情況和人事物而感到痛苦。他們很難客觀看待自己，同時為了不想要生活中有太多意外而太辛苦，所以只希望停留在本人可以完全控制的舒適圈內。

我從這些控制慾強的孩子身上看到過去的自己。

主持人吳恩英博士給孩子的溫暖鼓勵，不僅安慰了已經是成人的我，也讓我得到了答案。我現在明白，超出必要的責任感，以及過度的控制慾對自己來說是毒藥。如同冥想的慢思和慢活練習，現在成了我日常生活的一部分。

「不行就算了。」

這個「不行就算了」的精神力量非常強大。「試試看吧，不行就算了。」一句話就能讓猶豫不決的我行動力從三分上升到十分。如果我依然執著完美且確實的東西，我可能連現在住的房子都買不到。

無論再怎麼修改原稿，我永遠都覺得不夠好，也不知道哪家出版社會想將我的文章出版成書，但是我還是先投稿了，因為我想著「不行就算了」。沒想到多家出版社都向我提出了開會討論的邀約。如果我盲目地認為要修改到完美為止，別說簽約了，我可能會因為厭倦就先放棄了。

零廢棄、蔬食主義者、極簡生活……我似乎永遠無法完全符合這些我嚮往的價值觀。我偶爾還是會遇到充滿矛盾的情況，但是這並不意味著我應該改變自己的價值觀。明白人都是以不完美的樣子生活之後，我接納了不完美的自己。

完美的家庭、完美的妻子、完美的女兒、完美的朋友、完美的媳婦，只要我們放下想要完美的心態，我們反而可以真心對待他人，與人的關係也能因此變得更加融洽且親近。

我自己不是完美的人，怎麼能期望自己扮演某個完美的角色呢？我現在似乎比較了解行雲流水般的生活是什麼樣子了。理解生活就是不斷嘗試將不完整的狀態變完整後，我能以更放鬆的心態看待一切，生活也變得寫意多了。

結語——

卡什海灘上的悠閒夏日

兩年前，我們在土耳其南部的度假勝地卡什（Kas）度過了炎熱的夏天。卡什是以美得讓人覺得不真實的大海而聞名的地中海小鎮。在炎熱的白天，所有的遊客都無所事事地躺在海邊度過悠閒的時光，直到太陽下山為止。

抵達卡什當天，我和先生懷著興奮的心情來到海邊，打算整天都在海邊度過。我在出發前打包了防晒乳、帽子、毛巾、換穿的衣服、要讀的書、餅乾、飲料、錢包、耳機和手機等必需品。為了能在海邊完美玩耍，我們準備了一大包東西。

到了海邊，我們找到合適的位置，放下包包跳進海裡。在烈日下行走時流下的汗水被冰冷的地中海海水沖得乾乾淨淨，讓人不由自主地發出歡呼聲。我們還帶著小泳圈漂浮，感到無聊時就戴上泳鏡游泳——總之玩得很開心。

在海裡玩耍時，我的視線一直向著沙灘，擔心會有人偷走我們的東西，也因此無法完全放心地玩。當時我們並沒有特別覺得奇怪或不方便，覺得這是在海邊玩耍必然要承擔的事。

隔天我們在鎮裡散步時，突然起心動念去了海邊。因為只是散步，所以沒準備手機、毛巾、水、要更換的衣服等東西。當時我覺得我們可以不拍照，水也可以回民宿再喝，濕漉漉的身體則是直接晒乾就好，雖然心裡有點不安，但是我告訴自己如果需要什麼再回民宿拿就好了，於是就這樣兩手空空直接去海邊。

到達海邊之後，先生脫掉T恤奔向大海，我也只是綁起頭髮就直接跳入水中。沒有游泳圈，也沒有泳鏡，光著身體在水中自由游泳實在太有趣，太讓人開心了！這也是至今為止我們在海邊度過的時光中最愉快的一次，因為我不需要再擔心有人會偷走我們的東西，所以可以放心且自在地在海裡玩。

我意識到在海邊玩耍其實不需要任何東西，反而因為什麼都沒準備，所以更能輕鬆地享受玩樂的時光。沒了隨身物品後我才明白不帶任何東西有多輕鬆，也才領悟到打從一開始我們就不需要那些東西，所以即使沒有準備充分也沒關係。

在卡什度過的夏天讓我了解為什麼我們想要輕鬆的生活，這真是值得感謝的經驗。

擁有的東西越多，需要守護、管理和維持的責任就越多。我過去總是背負很重的責任，放下責任後，少帶點東西的生活變得輕鬆到神奇的程度，也更能把精力集中在重要的事情上。

比起為了過簡約的生活而無條件清空東西、減少衣服，把生活用品全部丟掉，我更想講的是清空背後的故事，我想說的是比打造什麼都沒有的白色房子更重要的事。極簡主義不局限於家和物品，也適用於生活態度，所以我想告訴大家的是讓人生變得單純輕鬆的那些故事。

以前的我有時會過分在意他人，以致於失去最重要的「自己」。我為了用別人說的好東西來填滿（或清空）自己的生活，浪費了只有一次的人生。我們的時間、金錢和精力都是有限的，為了充實地使用這些有限的東西，我們必須有智慧地填滿空出來的位置，這就是我們應該過簡約生活的理由和極簡主義的本質。

不知不覺，我已經過了十年的極簡生活，我的家曾經堆滿東西，我也嘗試過什麼都沒有的空間。在度過了空虛和滿載的生活後，找到了屬於自己的平衡。我不再輕易買東西，但是也不隨意丟東西，即使只是清掉一件物品，我也會慎重評估，並且花時間選擇自己喜歡的東西來填補。謹慎地填補就沒有什麼可扔的，不丟東西後，我的錢包也變充實了，還形成了有益地球環境的良性循環。我慎重地清空，好好地填滿，充實地運用有限的東西，因此現在我的生活只留下真正需要的東西，所以變得很輕鬆。

最近，每當我不由自主地想擁有更多東西時，都會回想一下在卡什度過的夏天。雖然當時曾經覺得沒有某些東西不行，但是不帶那些物品後反而度過更加輕鬆愉快的夏天。想起這些後，我就會覺得現在這樣就夠了。

某天我的衣架就垮了

日常的卸載練習，你不必再過得廉價而馬虎

作　　者｜李慧林（이혜림）
譯　　者｜陳宜慧
總 編 輯｜盧春旭
執行編輯｜黃婉華
行銷企劃｜鍾湘晴
美術設計｜王瓊瑤

發 行 人｜王榮文
出版發行｜遠流出版事業股份有限公司
地　　址｜台北市中山北路 1 段 11 號 13 樓
客服電話｜02-2571-0297
傳　　真｜02-2571-0197
郵　　撥｜0189456-1
著作權顧問｜蕭雄淋律師
ISBN｜978-957-32-9986-8

2023 年 3 月 1 日初版一刷
定　　價｜新台幣 370 元
（如有缺頁或破損，請寄回更換）

遠流博識網 http://www.ylib.com
Email: ylib@ylib.com

國家圖書館出版品預行編目 (CIP) 資料

某天我的衣架就垮了：日常的卸載練習，你不必再過得廉價而馬虎 / 李慧林著；陳宜慧譯．-- 初版．-- 臺北市：遠流出版事業股份有限公司，2023.03
面；　公分
譯自：어느 날 멀쩡하던 행거가 무너졌다
ISBN 978-957-32-9986-8（平裝）

1.CST: 簡化生活 2.CST: 自我實現

192.5　　112000554

어느 날 멀쩡하던 행거가 무너졌다
by 이혜림